Ingmar Bojes

Glücksorte im Münsterland

Fahr hin & werd glücklich

D

Dieses

Glücksbuch

ist für

Liebe Glücksuchende,

Glück ist … für jeden etwas anderes. Schon allein deshalb ist das ganze Münsterland ein einziger Glücksort, weil es so vielfältig ist, dass es für jeden ganz persönliche, intime und wunderschöne Glücksmomente bereithält. Sei es im kleinen, urigen Hofcafé, inmitten unberührter Natur oder in den verträumten, historischen Innenstädten, die auf Entdecker warten.
Und zu einer Entdeckungsreise durch das Münsterland soll dieses Buch anregen – einer Entdeckungsreise zu 80 Glücksorten im Land der Leezen und Wasserschlösser. Sie alle sind einen persönlichen Besuch wert, ganz gleich, wie der Einzelne sein Glück und einen Glücksort definiert. Denn schöne Momente, gute Unterhaltung oder eine besondere Erfahrung haben sie alle auf ihre Weise zu bieten. Und selbstverständlich wartet im Münsterland noch eine Vielzahl weiterer sehens- und erlebenswerter Orte darauf, erkundet zu werden. Die hier vorgestellten sind nur eine subjektive, bunte Auswahl.
Auf dem Fahrrad, liebevoll Leeze genannt, zwischen Feldern, Wiesen und Wäldern hindurch, vorbei an den Fachwerkhöfen und von Ort zu Ort – so lässt sich das Münsterland besonders gut erkunden. Das weit verzweigte und gut ausgeschilderte Radwegenetz macht Entdeckungstouren per Rad besonders leicht. Und garantiert findet sich bei einer solchen Tour schnell eine Handvoll weiterer Glücksorte, die in keinem Freizeitführer enthalten sind, einfach weil sie zum individuellen Glücksempfinden passen.
Erste Anregungen gibt dieses Buch – Ankerpunkte, an denen die eigene, ganz persönliche Glückstour durch das Münsterland erst beginnt.

Ihr Ingmar Bojes

GLÜCK

Deine Glücksorte ...

... noch mehr Glück für dich

Obst- und Blumenparadies

1 Kreislehrgarten Steinfurt

Versetzt die Steinfurter Innenstadt mit ihren schmucken Fachwerkhäusern, kleinen Gassen und Geschäften schon manchen Besucher in Verzücken, dürfte das Erstaunen ungleich größer ausfallen, wenn der Blick dann mitten in Steinfurt auf das kleine Paradies fällt, das hier auf seine Gäste wartet: den Kreislehrgarten. Auf ca. 30.000 Quadratmetern finden Natur- und Gartenliebhaber alles, was das Herz begehrt. Das gilt gleichermaßen für Fans von Ziergärten wie Liebhabern von Nutz- und Obstgärten. Hier im Kreislehrgarten in Steinfurt duftet, blüht und rankt es, dass es nur so eine Lust ist. Die Pfade führen durch sattes Grün zahlloser unterschiedlicher Pflanzen, vom Bauerngarten zum Kräutergarten und weiter zum Obstgarten. Und überall finden sich Anregungen für den Garten zu Hause, von der Planung bis zur Durchführung. Bereits im Jahr 1914 wurde der Garten gegründet, hat sein Gesicht seither häufig verändert und bleibt auch stets im Wandel. Früher stand der Obst- und Gemüseanbau im Mittelpunkt, heute geht es hier vorrangig um den Garten als Erholungsraum, den sich jeder nach seinen individuellen Vorstellungen und Neigungen gestaltet. Nach wie vor nimmt aber auch der Obstanbau einen Schwerpunkt in der Lehrgartenarbeit ein. Ca. 300 Obstsorten sind daher hier zu finden, viele von ihnen können im Kreislehrgarten in der Zeit von August bis Dezember auch käuflich erworben werden.

Wer vom bloßen Anschauen und Flanieren noch nicht die gewünschten Kenntnisse oder Inspirationen bekommen hat, dem kann geholfen werden. Denn der Kreislehrgarten bietet neben Gartenführungen auch Vorträge zu speziellen Themen an. Die begehrten Kurse zeigen Gartenliebhabern zum Beispiel praxisnahe Möglichkeiten, die richtigen Pflanzen auszuwählen und den eigenen Garten erfolgreich zu gestalten und zu pflegen. Bei einem so umfangreichen und fundierten Angebot rund um das Gärtnern ist es kein Wunder, dass sich im Garten jährlich rund 50.000 Besucher tummeln.

- Kreislehrgarten Steinfurt, Wemhöferstiege 33, 48565 Steinfurt
  www.kreislehrgarten-steinfurt.de
- ÖPNV: Ab Münster Hbf. RB64 bis Steinfurt-Burgsteinfurt.
  Ab hier ca. 20 Minuten Fußweg

Durch ein charmantes Dorf

2 Museumspfad Lette

Eingebettet zwischen den Baumbergen und den alten, herrlichen Wäldern des Roruper Holzes im Nordosten und dem inzwischen kultivierten Moorgebiet im Südwesten empfängt das Dörfchen Lette seine Besucher. Rund 5000 Einwohner zählt es und blickt stolz auf eine über tausendjährige Geschichte zurück. Wer den Coesfelder Ortsteil mit dem charmanten dörflichen Charakter und seine Sehenswürdigkeiten erkunden möchte, den nimmt der Museumspfad Lette bei der Hand. Gut ausgeschildert führt der Rundweg auf drei Kilometern zu vier Stationen, die eine nähere Betrachtung wert sind. Direkt am Bahnhof Lette beginnt die Tour gleich mit der ersten Station, dem Eisenbahnmuseum im ehemaligen Empfangsgebäude des Bahnhofs. Jeden ersten Sonntag im Monat hat es geöffnet und erweckt die Eisenbahngeschichte der Region wieder zum Leben. Von hier führt der Museumspfad weiter zur Letter Windmühle. Sie ist voll funktionstüchtig und das markante Wahrzeichen des Ortes. Ein echtes Schmuckstück, das schon von Weitem gut sichtbar über den kleinen Ort zu wachen scheint. Die nächste Station auf dem Rundweg ist das Glasmuseum „Alter Hof Herding". Seit dem Mittelalter unter diesem Namen nachweisbar, wurde der Alte Hof Herding 2003 zu einem begehbaren Museumsdepot für zeitgenössische Glaskunst. Aber auch ein Bauernhofcafé mit gepflegtem Garten wartet hier auf die Besucher – der ideale Ort für einen kleinen Zwischenstopp! Mitten durch das Dorf führt der Museumspfad anschließend vorbei an der neuromanischen Kirche St. Johannes mit teils historischem Interieur. Den Abschluss des Rundgangs durch Lette bildet das Heimatmuseum, das in überraschender Vielfalt große und kleine Schätze beherbergt. Wertvolle Einzelstücke und liebevoll zusammengetragene Gebrauchsgegenstände werden in sechs Abteilungen präsentiert, die von der Volkskunde über Handwerkliches bis hin zur Landwirtschaft reichen und die dörfliche Geschichte erlebbar machen. Das Heimatmuseum ist jeden ersten Sonntag im Monat von 15 bis 17 Uhr geöffnet.

- Start: Eisenbahnmuseum Alter Bahnhof Lette, Bahnhofsallee 48, 48653 Coesfeld
www.heimatverein-lette.de
- ÖPNV: Ab Münster Hbf. RE2 bis Dülmen, ab hier RB51 bis Lette

Bunter Schmelztiegel

3 Münsters Kuhviertel

An den Bierzelttischen vor den bunt angestrichenen Häusern prosten sich Studenten zu, nur ein Haus weiter wird unterdessen ein Münsterländer Töttchen, ein traditionelles Ragout aus der Region, mit einem westfälischen Bier serviert, und das Stimmengewirr der vielen Passanten in den verwinkelten Gassen des Kuhviertels rund um die Kreuzstraße dringt durch die offenen Fenster herein – das Kuhviertel in Münster ist eines der buntesten und lebendigsten Stadtviertel der Westfalenmetropole und darf bei einem Besuch in der Stadt am Aasee keinesfalls fehlen.
Wo man heute bei einem Bier unter uralten, mit Sinnsprüchen bemalten Balken an langen Holztischen sitzt, in denen sich schon Generationen von Gästen verewigt haben, tobte auch damals schon das Leben – wenn auch auf ganz andere Art und Weise. Geprägt wurde das Kuhviertel Ende des 19. Jahrhunderts durch den Zuzug randständiger Bevölkerungsgruppen wie Roma und jenische „Landfahrer". Hier lebten und arbeiteten Scherenschleifer, Korb- und Bürstenmacher, Besenbinder ebenso wie Lumpen- und Schrotthändler, Orgeldreher, Wahrsager und Entfesselungskünstler – kurzum ein kunterbunter Schmelztiegel der ungewöhnlichsten Charaktere und Berufe.

TIPP
Probieren Sie das Bier in Münsters Hausbrauerei Pinkus Müller.

Das restliche Münster beäugte die Entwicklung im Kuhviertel mit argwöhnischem Blick, und schon bald galt dieser Stadtteil als Ganovenviertel: Hier, wie auch im Herz-Jesu-Viertel, Klein Muffi genannt, entwickelte sich das Masematte, eine eigene Sprache, die auch heute noch von vielen Münsteranern mit liebevoller Inbrunst gehegt und gepflegt wird. Das beweist, dass die Münsteraner längst ihren Frieden mit dem anfangs exotisch anmutenden Stadtteil gemacht haben.
Dies geht auch darauf zurück, dass nach den Kriegszerstörungen das Viertel neu gestaltet wurde. Das Kuhviertel ist heute bekannt für (Studenten-)Kneipen und Kunstgewerbe. Auch tagsüber hat es eine Menge zu bieten. Hier ist Münster wohl noch am ursprünglichsten: verwinkelte Gassen, kleine Läden mit inhabergeführten Geschäften und Restaurants laden zu einem gemütlichen Bummel ein.

- Straßen: Jüdefelderstraße, Kuhstraße, Hollenbeckerstraße, Kreuzstraße, Buddenstraße, Rosenplatz und Wankelgasse
- ÖPNV: Ab Münster Hbf. StadtBus 15, 16, Haltestelle Kreuzschanze

Echt, gemütlich, rustikal

4 Waldwirtschaft Malepartus in Lienen

Der Teuto ist das, was in norddeutschen Gefilden einem Berg am nächsten kommt, und selbstverständlich stellt sich auch beim Wandern im Münsterland das echte Hochgefühl erst ein, wenn die Anstrengung geschafft und eine zünftige Jause angesagt ist. Auf die muss zumindest in Lienen niemand verzichten. Denn hier wartet die bayerische Waldwirtschaft Malepartus auf durstige und hungrige Wanderer, Rad- und Motorradfahrer sowie Ausflügler gleichermaßen. Authentisch, gemütlich, rustikal: Fans bayerischer Lebensart lieben das Ambiente des Malepartus. Und für diese Atmosphäre wurde auch einiges getan: Zillertaler Handwerker haben die Gasträume im traditionell alpenländischen Stil ausgebaut und so ein urgemütliches Ambiente geschaffen, in dem es sich bestens schmausen lässt. Gleiches gilt für den großen Biergarten, der an sonnigen Tagen gleich einem Balkon über dem Münsterland thront.

TIPP

Die Windbeutel im Malepartus sind legendär!

Namensgebend für die Waldwirtschaft hoch über Lienen war übrigens die Fabel „Reineke Fuchs" von Johann Wolfgang von Goethe. Dort trägt das Schloss des Fuchses diesen Namen. Auch in anderen Fabeln wird mit Malepartus oft der Fuchsbau bezeichnet. Schon um 1900 stand an der Stelle der heutigen Waldwirtschaft eine Blockhütte, die Wanderer und Jäger zum Verweilen einlud und dem Volksmund nach auf einem Fuchsbau errichtet wurde. Dieser Bezug hat sich bis heute erhalten.

Das heutige Malepartus gibt sich den bayerischen Anstrich aber nicht nur der Folklore halber. Die tatsächlich aus Bayern stammenden Betreiber schaffen es vortrefflich, Authentizität und Besonderheit zu verbinden. Auf der Speisekarte finden sich natürlich bayerische Spezialitäten – vom süffigen Weißbier bis hin zur deftigen Schweinshaxe fehlt hier kein Highlight der alpenländischen Küche. Längst legendär sind die Windbeutel im Malepartus: Ein süßer, verführerischer Traum, der sich in kunstvoller Form vor dem hungrigen Gast auftürmt und keine Wünsche offenlässt. Verstehen Sie diesen Windbeutel besser nicht als Nachtisch, sondern als Hauptspeise!

- Waldwirtschaft Malepartus, Malepartusweg 6, 49536 Lienen
  www.waldwirtschaft-malepartus.de
- ÖPNV: Ab Lengerich Bhf. RegioBus R46 bis Lienen Rathaus, ab hier Bus 217, Haltestelle Lienen, Hallenbad. Ab hier ca. 15 Minuten Fußweg

Malepartus

Eintauchen in die Historie

5 Wasserburg Gemen

Über die Anfänge der Burg Gemen lässt sich heute nicht mehr viel mit Gewissheit sagen. Das ist kaum verwunderlich, denn diese Anfänge liegen inzwischen gut und gerne neun Jahrhunderte zurück. Sicher ist so viel: Seit dem frühen 15. Jahrhundert hat sich das Äußere der Wasserburg nicht mehr wesentlich verändert und besticht noch heute: Strahlend hell erhebt sich die Burg aus der Gräfte, der Bergfried aus dem Jahr 1280 reckt sich gebieterisch dem Himmel entgegen und blickt auf die vor ihm gelegene Schlossfreiheit hinab.

Wer der Wasserburg Gemen, die heute als Jugendbildungsstätte des Bistums Münster genutzt wird, einen Besuch abstattet, tut gut daran, sie einmal zu Fuß zu umrunden, denn von allen Seiten bieten sich völlig neue Perspektiven und Bauelemente, die immer wieder zu überraschen wissen. Und wenn man gerade dabei ist, sollte der Spaziergang noch um einen Besuch der Schlossfreiheit verlängert werden. Hier waren einst die Wohnstätten der Burgmänner, der Bediensteten, der Handwerker und Ackerbürger. Sie bildeten einen eigenen, schon 1273 erwähnten Gerichtsbezirk, und mit ein wenig Fantasie kann man sich heute noch gut das mittelalterliche Treiben rings um die Burg vorstellen. Auch gibt es hier mit dem Franziskanerkloster aus dem 18. Jahrhundert, dem Schleusenturm oder dem Heimathaus Haus Grave noch einiges mehr zu entdecken.

TIPP

Regelmäßig gibt es historische Führungen mit dem „Burgkastellan".

Wer noch tiefer in die Historie eindringen möchte, der hat die Gelegenheit zu einer ganz besonderen Führung: An verschiedenen Terminen führt der „Burgkastellan" durch das abendliche Gemen. Bei Kerzenlicht geht es dann rund um die Wasserburg, durch die Oberste und Niederste Freiheit bis hin zur Gruftkapelle des Grafengeschlechtes der Landsberger, und die Teilnehmer erfahren spannende und schaurige Geschichten von der letzten Hinrichtung in Gemen, vom unterirdischen Geheimgang oder von den alten Straßenbezeichnungen.

- Burg Gemen, Schloßplatz 1, 46325 Borken, www.jugendburg-gemen.de
  Infos zu den Führungen: Tourist-Info Borken, Neutor 5, 46325 Borken, Tel. (0 28 61) 93 92 52 , tourist-info@borken.de
- ÖPNV: Ab Borken Bhf. RegioBus R51 bis Gemen, Ev. Johanneskirche. Ab hier ca. fünf Minuten Fußweg

Das Glück trägt Rosa

6 Zwillbrocker Venn

Eine ganze Reihe ungewöhnlicher tierischer Bewohner sind im Münsterland zu Hause. Doch das Zwillbrocker Venn bei Vreden setzt in dieser Hinsicht dem Münsterland die Krone auf. Wer sich auf eine Entdeckungstour ins Venn nahe der holländischen Grenze begibt, traut seinen Augen kaum und doch: Es sind tatsächlich Flamingos, die hier in der nördlichsten Kolonie weltweit beheimatet sind. Die etwa 40 Tiere, deren Herkunft nie abschließend geklärt werden konnte, sind zwischen April und Juli zumeist an den flachen Ufern der Inseln zu beobachten. Ihr Winterquartier beziehen die Flamingos dagegen in den etwas milderen Regionen Südhollands. Die lautstarken „Mitbewohner" der unangefochtenen rosa Stars dieses Naturschutzgebiets sind unterdessen zahlenmäßig klar überlegen: Rund 10.000 Lachmöwen sind ebenfalls im Zwillbrocker Venn beheimatet.

Doch nicht nur der ungewöhnlichen Bewohner wegen ist das Venn einen Besuch wert. Auch landschaftlich weiß das Naturreservat zu überzeugen. Es ist geprägt von Feuchtwiesen, Moor- und Heidelandschaft sowie einem flachen See. Wie eine Oase wirkt das Venn in einer ansonsten stark landwirtschaftlich genutzten Region. Das macht freilich schon beim Anblick Lust auf eine Erkundungstour. Einen guten Einstieg in das Zwillbrocker Venn bietet die Biologische Station in Zwillbrock mit ihrer Ausstellung zur Natur- und Kulturlandschaft der Region. Im Anschluss lädt der See zu einem Rundgang ein. Wichtige und selten gewordene Tier- und Pflanzenarten haben in dem einzigartigen Biotop des Zwillbrocker Venns einen geeigneten Lebensraum gefunden und werden bei dem Rundgang auf Info-Tafeln erläutert.

Wer nach einem Streifzug durch das Naturschutzgebiet noch etwas Zeit hat, der sollte der imposanten Barockkirche von Zwillbrock in direkter Nachbarschaft einen Besuch abstatten. Hier gibt es dann auch gleich eine attraktive Gastronomie, die für den schmackhaften Abschluss eines einzigartigen Ausflugs sorgt.

- Biologische Station Zwillbrock, Zwillbrock 10, 48691 Vreden, www.bszwillbrock.de
- ÖPNV: Ab Münster Hbf. SchnellBus S70 bis Vreden Busbahnhof, ab hier BürgerBus B3, Haltestelle Biologische Station Zwillbrock

Haus der Inspirationen

7 LWL-Museum für Kunst und Kultur in Münster

In direkter Nachbarschaft zum imposanten Münsteraner Dom findet sich ein noch sehr junges, aber zugleich schon eines der bedeutendsten Museen des Münsterlandes: das 2014 eröffnete LWL-Museum für Kunst und Kultur, das mit 7.500 Quadratmetern zu den größten Kunstmuseen in Nordrhein-Westfalen zählt. Das lichtdurchflutete Foyer nimmt den Besucher in Empfang, stimmt schon mit seiner Weitläufigkeit und Helligkeit auf ein ganz besonderes Erlebnis ein und markiert die Drehscheibe des LWL-Museums. Über die Treppen, die wie aus dem Beton herausgeschnitten wirken, gelangen Besucher in die oberen Stockwerke zur Sammlung und zur Sonderausstellung. Hier warten weitere Superlative: 1.200 Kunstwerke in 51 Ausstellungsräumen laden zu einem Rundgang durch die Geschichte ein. Und zwar im wahrsten Wortsinne: Das Museum lässt sich bei einem inhaltlichen Rundgang vom Mittelalter bis zur zeitgenössischen Kunst erkunden. Kräftige Farben in den Ausstellungsräumen schaffen spannende Zugänge zur Kunst und lassen die Werke in einem neuen Licht strahlen. Einige Räume sind inszeniert, um den Besuchern einen sinnlichen Zugang zur Kunst zu ermöglichen. Mal hört man Klänge, in einem anderen Raum sind schwarze, spiegelnde Wände eingebaut. Eine abwechslungsreiche Präsentation der Exponate, die oftmals Ansätze zur Interpretation und zu neuen Sichtweisen aufzeigt.

Spätestens jetzt ist klar: Dies ist ein Museum nicht nur für Kunstliebhaber. Letztere werden hier natürlich in besonderem Maße ihr Glück finden, doch auch wer mit der Muse nicht auf Du und Du steht, wird hier von der Inszenierung und Gesamtausstellung hingerissen sein.

So offen wie die Architektur und die Präsentation der Kunst ist auch deren Vermittlung: Durch in Szene gesetzte Werke, den Multimediaguide, thematische Führungen, die Highlighttouren und einen Kurzführer im Taschenbuchformat bleiben die Werke nicht rätselhaft, sondern öffnen sich den Besuchern – gleichgültig wie alt sie sind oder mit welchen Kenntnissen sie kommen.

- LWL-Museum für Kunst und Kultur, Domplatz 10, 48143 Münster www.lwl-museum-kunst-kultur.de
- ÖPNV: Ab Münster Hbf. StadtBus 10, 11, Haltestelle Aegidiimarkt/LWL-Museum

Nostalgisches Paradies

8 Omis Eingemachtes in Tecklenburg

Selbstverständlich klingelt beim Öffnen der Tür ein kleines Glöckchen leise und unaufdringlich, als wolle es dem Besucher einen Willkommensgruß zuraunen und ihm mitteilen, dass er sich nun außerhalb der normalen Zeit bewegt. Denn wer „Omis Eingemachtes" im Herzen Tecklenburgs betritt, der wird ebenso schnell in eine andere Zeit versetzt, als hätte er in Marty McFlys DeLorean Platz genommen. Nur dass es hier nicht zurück in die Zukunft geht, sondern zurück in eine Zeit, in der Süßigkeiten noch fünf Pfennige kosteten und aus Einweckgläsern verkauft und in braune Tütchen gefüllt wurden. „Omis Eingemachtes" ist ein wunderbarer Hort der Nostalgie, ein Tante-Emma-Laden im allerbesten Sinne. Nur steht eben hinter der uralten Kasse mit Handkurbel nicht Tante Emma, sondern Christel Gentrup, die das kleine nostalgische Einkaufsparadies seit 2011 leitet – eine „echte Oma", wie die Großmutter von vier Enkelkindern nicht ohne Stolz betont.

TIPP
Man bekommt hier auch ganz individuelle Präsentkörbe!

Die Regale ihres Ladens sind bis auf den letzten Quadratzentimeter gut gefüllt und wollen richtiggehend erforscht, erkundet werden – hier ist Stöbern Pflicht! Das Sortiment reicht von eingemachter Leberwurst über alte Kinderbücher, zahlreiche Tees und Plätzchen bis hin zu Süßwaren. Bei einigen von ihnen wird sich so mancher im Nu in seine Kindheit zurückversetzt fühlen und nicht widerstehen können. Ein Großteil der Produkte stammt aus regionaler Produktion und wird zum Teil direkt von den Bauernhöfen der näheren Umgebung angeliefert. Kein Wunder also, dass „Omis Eingemachtes" viele Stammkunden auch weit über die Grenzen Tecklenburgs hat.

Selbst wenn sämtliche Regale durchstöbert und alle Kindheitserinnerungen in vollen Zügen ausgekostet sind, fällt der Abschied schwer. Hinauszögern lässt sich das Adieu mit einer Tasse frisch gebrühtem Kaffee, den Christel Gentrup gern serviert, um dabei, wenn es der Kundenandrang erlaubt, ein bisschen über alte Zeiten zu plaudern und um einen Eintrag ins Gästebuch zu bitten.

- Omis Eingemachtes, Landrat-Schultz-Straße 6, 49545 Tecklenburg
  www.omis-eingemachtes.de
- ÖPNV: Ab Münster Hbf. RB66 bis Lengerich, ab hier RegioBus R45, Haltestelle Tecklenburg Stadt

Omi's
Eingemachtes
Apfelchips

Stonehenge im Münsterland

9 Hünenborg in Rheine

Stonehenge im Münsterland? Wer den Verkehrslärm der Neuenkirchener Straße in Rheine hinter sich lässt und auf den knapp 70 Meter hohen Thieberg steigt, traut seinen Augen nicht. Was sich da auf der Kuppe des Hügels auftürmt, ist der Steinanlage im Südwesten Englands einfach zu ähnlich. Sofort packen den Besucher die Neugierde und das Verlangen, dieses Bauwerk aus der Nähe betrachten zu wollen. Die Inszenierung könnte kaum wirkungsvoller sein: Zwischen den weitläufigen Grünstreifen links und rechts führt der breite Weg schnurstracks hin zu dem wuchtigen Kreis aus riesigen Steinen. Durch diese Anordnung und weil es dabei immer leicht bergauf geht, wirkt der Weg weiter, als er ist, richtet aber zugleich die ganze Aufmerksamkeit auf das steinerne Gebilde, das mit jedem Schritt größer zu werden scheint. Erst oben angekommen, erschließt sich dem Besucher allmählich, was er hier vor sich hat: Es handelt sich um ein Gefallenendenkmal für die Rheinenser Opfer des Ersten Weltkriegs. Ihre Namen und die Schlachtfelder des Krieges sind in die großen Steinblöcke eingemeißelt. Die Form des Kunstwerks ist dabei tatsächlich dem inneren Steinkreis von Stonehenge nachempfunden. Trotz seines traurigen Ursprungs kann uns das Denkmal heute Glück empfinden lassen – darüber zum Beispiel, dass wir in friedlicheren Zeiten leben dürfen. Genau das strahlt der Thieberg, auf dem die sogenannte Hünenborg steht, auch aus: Ruhe und Frieden. Der Straßenlärm ist hier schon nicht mehr zu hören, obwohl die Stadt den Hügel nahezu umschließt. Der Blick schweift über Wadelheim, den Rücken des weitläufigen Thiebergs, und in einer Schneise Richtung Westen gibt Rheine den Blick ins Münsterland frei. Hier lässt es sich trefflich entschleunigen, zur Ruhe kommen und durchatmen. Nicht allerdings, sobald der erste Schnee gefallen ist. Denn dann wird der Thieberg natürlich zu einer beliebten und belebten Rodelpiste, strahlt aber auch dann nicht weniger Glück aus – ganz im Gegenteil.

TIPP

Jedes Jahr am letzten Sonntag im September findet hier das Drachenfest statt.

- Weg zur Hünenborg ab Neuenkirchener Straße192, 48431 Rheine
- ÖPNV: Ab Rheine Bhf. RegioBus R80, StadtBus C10, Haltestelle Wadelheim, Frankenburg. Ab hier ca. fünf Minuten Fußweg

FLANDERN
ARRAS

Nicht nur was für Gläubige

10 Dom St. Paulus in Münster

Man muss kein gläubiger Mensch sein, um den St. Paulus-Dom in Münster beeindruckend zu finden und beim Betreten eine tiefe Ergriffenheit zu erleben. Die markante Kathedrale im Herzen der Westfalenmetropole symbolisiert das Zentrum der Diözese Münster. Als Bischofskirche des Bistums sowie als kunst- und kulturhistorisch bedeutsames Gebäude ist der Paulusdom Anziehungspunkt gleichermaßen für Gläubige wie Touristen. Wer den Dom betritt, befindet sich im Paradies – denn so wird die Eingangshalle genannt, in der Christus als Weltenrichter thront. Ein Relikt aus einer Zeit übrigens, als dieser Raum tatsächlich noch als Gerichtsstätte genutzt wurde. Betritt man durch das „Paradies" den Dom, erlebt man einen überwältigenden Raumeindruck: Der Blick wird wie von selbst in Richtung Altar gezogen, zum Zentrum des Gotteshauses. An der Vorder- und Rückseite des Altarraums sind Statuen der Gottesmutter und der Apostel zu sehen – sie alle stammen aus der zweiten Hälfte des 14. Jahrhunderts. Doch auch der Rest des Doms ist einer genaueren Betrachtung wert und besticht in seiner Gesamtheit vor allem durch die klaren Formen, Linien und sein eher schnörkelloses Erscheinungsbild. Bei einem Rundgang wird der Besucher im Chorumgang auch die astronomische Uhr entdecken. Sie stammt aus den Jahren 1540 bis 1543 und ist besonders mittags um 12 Uhr ein viel besuchter Ort. Denn dann wandern auf dem Umlaufbogen die Heiligen Drei Könige mit Gefolge, verbeugen sich vor dem Jesuskind und ziehen unter Glockenspiel weiter. Das imposante Uhren-Kunstwerk zeigt Sonnen-, Mond- und Planetenbewegung sowie ein Kalendarium bis zum Jahr 2071. Wer vom Kreuzgang aus die Domkammer betritt, der findet auf drei Ebenen ein Museum als wahre Schatzkammer vor: Über 700 kostbare Exponate sind hier ausgestellt, die die Kirchen- und Liturgiegeschichte von 800 bis heute widerspiegeln. Regelmäßig finden im Münsteraner Dom auch Konzerte statt, die ebenfalls einen Besuch lohnen und die eine ganz eigene Atmosphäre in die Kirche zaubern.

- St.-Paulus-Dom, Domplatz 28, 48143 Münster
  www.paulusdom.de
- ÖPNV: Ab Münster Hbf. Stadtbus 1, 2, 12, 13, Haltestelle Domplatz

Sagenumwobene Wälder

11 Die Davert

Im Grenzbereich der Kreise Warendorf, Coesfeld und der Stadt Münster liegt das größte zusammenhängende Waldgebiet des Münsterlandes: die Davert. Auf satte 2500 Hektar bringen es die eng mit der Münsterländer Parklandschaft verzahnten dichten Wälder. Und sie laden ein, eine Reise in die Vergangenheit der Region anzutreten – in eine Zeit, als Wälder und Moore noch das Münsterland bestimmten und man sich am abendlichen Kaminfeuer von sagenhaften Fabelwesen erzählte, die sich in diesen Wäldern herumtreiben sollten. Sei es nun der Geist des verfluchten Ritters, der mitsamt einer ganzen geisterhaften Jagdgesellschaft hier noch immer umherziehen soll, die Spinnleonore, die auf dem Schlagbaum am Hövelsteig in der Davert zu sitzen pflegte und haspelte oder gleich der Teufel selbst, den so mancher hier in Gestalt eines nach Schwefel riechenden Kiepenkerls gesehen haben will. Heute treffen wir bei einem Ausflug in die Davert zum Glück auf sympathischere Bewohner: Über dem Wald thronen mächtige Bussard- und Habichthorste, Bunt- und Schwarzspechte mühen sich an den dicken Baumstämmen redlich ab, und hin und wieder lässt sich ein flinker Eisvogel blicken. Aber nicht nur das Ornithologenherz schlägt in der Davert höher, denn nicht umsonst wird sie auch der „Schmetterlingswald" genannt.

Neben dieser Vielfalt in der Fauna und der schieren Größe des Waldes ist es aber auch die Vielfalt an unterschiedlichen Waldlebensräumen, die an der Davert fasziniert. Immer wieder wechselt die Vegetation: Von Eichen-Buchenwäldern über Flatterulmen bis hin zu Erlen- oder Birkenbrüchen findet der Spaziergänger auf den zahlreichen Wegen durch das Naturschutzgebiet jede Menge Abwechslung in der Flora. Vor allem das Naturschauspiel der Davert im Frühling sollte man sich nicht entgehen lassen: Dann ist der Boden von einem bunten Blumenteppich übersät, und durch den sonnendurchfluteten Wald schallt das Trommeln der Spechte und der Gesang stimmgewaltiger Vogelarten wie Kleiber und Waldlaubsänger.

● Wanderparkplatz an der Straßenkreuzung Ottmarsbocholter Straße/ Zum Klosterholz. Hier beginnt auch ein Waldlehrpfad durch die Davert
www.nabu-naturschutzstation-muensterland.de

Perfektes Dorfidyll

12 Altstadtrundgang Bevergern

Ein wenig fühlt man sich wie zu Besuch in der unbeschwert glücklichen und überschaubaren Welt aus den Büchern der Kinderzeit und erwartet fast, dass gleich der fröhlich pfeifende Michel aus Lönneberga um die Ecke hüpfend erscheinen müsste. Gerade erst hat man die Hauptverkehrsachse Lange Straße hinter sich gelassen, ist in das kleine Fußgängerpättken Im Hagen eingebogen und auf die imposante Mühle zugegangen und steht nun staunend auf der kleinen Kreuzung mehrerer solcher Pättkes, kleine Wege, auf denen nur Fußgänger und Radfahrer verkehren. Auf der einen Seite die flügellose Levedags Mühle, auf der anderen Seite der gepflegte und liebevoll umpflanzte Merschteich, gespeist vom Merschgraben, der sich entlang der Wege und vorbei an privaten Gärten schlängelt – mehr Dorfidylle ist kaum vorstellbar. Der Ortskern von Bevergern, das zu Hörstel gehört, wirkt fast allerorten wie ein Paradebeispiel des Wettbewerbs „Unser Dorf soll schöner werden". Und die Erkundungsstour durch den kleinen Ort im Nordwesten des Münsterlandes beginnt gerade erst. Denn hier gibt es noch eine Menge mehr zu entdecken! Kopfsteingepflasterte, enge Straßen und kleine Pättkes führen durch eine Vielzahl von schmucken Fachwerkhäusern, die zu großen Teilen auf eine lange und nicht selten bewegte Geschichte zurückblicken, wie zum Beispiel Haus Papenhoek, ein Ackerbürgerhaus im Fachwerkstil des 17. Jahrhunderts. Das Deelentor von 1608 ist der einzige Hausteil in Bevergern, der die verheerende Feuersbrunst von 1658 überstanden hat. Oder das Pastorat, das 1724 aus den Werksteinen der 1680 gesprengten Burg Bevergern erbaut wurde. Oder das schmale Heimathaus aus dem 18. Jahrhundert, das Geschichte auch in seinem Inneren für Besucher erlebbar macht. Nach einem Altstadtrundgang lädt die Bevergerner Aa zu einem Spaziergang an ihren Ufern ein, und im Café auf dem ebenfalls historischen Klosterhof wartet schon leckerer, hausgemachter Kuchen und frisch gebrühter Kaffee, um den Ausflug in ein perfektes Dorfidyll abzurunden.

- Erkundung z.B. ab dem Heimathaus Bevergern, Kirchstraße 4, 48477 Hörstel
www.hoerstel.de

Tolle Torten, urige Aura

13

Drönings Landcafé in Velen

Hier wirkt das Münsterland noch besonders ursprünglich. So weit das Auge reicht, durchziehen lange, schmale Pättkes und Wirtschaftswege schnurgerade die Getreidefelder. Nur selten trifft man auf den weitläufigen Waben des münsterländischen Radwegenetzes ein paar Pedalritter auf Erkundungstour, sonst verirrt sich hierher, zwischen Velen und Ramsdorf, eher niemand. Es sei denn, er weiß um die ländliche Perle, die hier auf Besucher wartet: Drönings Landcafé. Wer dieses allerdings einmal entdeckt hat, der kommt ganz sicher wieder. Allein schon, weil die Wahl zwischen den hausgemachten Torten in der Auslage – lieber Himbeer-Stracciatella- oder die knusprige Pralinentorte? – dem Kuchenliebhaber eine fast unlösbare Entscheidung abverlangt. Doch nicht nur das Tortenangebot überzeugt. In Empfang genommen wird der Besucher von einem kleinen Tiergehege zur Rechten, an das sich ein großer Kinderspielplatz mit allerlei Spielgeräten anschließt. Direkt daneben und somit immer in Sichtweite der Kleinen, die sich auf dem Spielplatz vergnügen, lädt die gemütliche Sonnenterrasse zum Relaxen ein. Bei schlechtem Wetter bietet das große Bauernhofcafé aber auch innen Platz für weit über 100 Gäste in uriger Fachwerkatmosphäre mit viel liebevoller Dekoration. Zahlreiche Münsterländer Spezialitäten, deftig und herzhaft, komplettieren die Auswahl kulinarischer Genüsse: Ob Wildtaubensuppe, Reibekuchen, Wildgulasch oder die Münsterländer Hausplatte – fündig wird hier mit Sicherheit jeder Gast. An allen Sonn- und Feiertagen gibt es ein Frühstücksbüfett und von Oktober bis März einen reichhaltigen Bauernbrunch. Jeden Donnerstag ab 18 Uhr tischt das Dröning-Team Themenbüfetts auf. Hierfür ist übrigens eine Voranmeldung erwünscht. Im Bauernlädchen gibt es überdies viele verschiedene Produkte aus hauseigener Herstellung zum Mitnehmen. Der Hof ist zudem einer von fünf Standorten des Lebendigen Museums und erzählt im Bauernmuseum die Geschichte der Landwirtschaft in der Region.

TIPP

Besser einen Platz reservieren, gerade an den Wochenenden.

- Drönings Landcafé, Krückling 20, 46342 Velen, www.droenings-landcafe.de
- ÖPNV: Ab Borken Bhf. RegioBus R51, Haltestelle Ramsdorf Niehues. Ab hier ca. 15 Minuten Fußweg

Volle Fahrt voraus!

14 Das „Nasse Dreieck“ in Hörstel

Schon seit über Hundert Jahren, genauer seit 1916, treffen sich im Nordwesten des Münsterlandes in der Hörsteler Bauernschaft Bergeshövede zwei wichtige Wasserstraßen: der Mittellandkanal, der hier beginnt, und der noch zu Kaiserzeiten errichtete Dortmund-Ems-Kanal. Und weil der Münsterländer durchaus trockenen Humor hat, nannte er diesen Ort fortan „Nasses Dreieck“. Auch nach so langer Zeit haben diese Verkehrsadern zu Wasser und ihr Treffpunkt im Münsterland durchaus noch eine wichtige Bedeutung für die Binnenschifffahrt: Durchschnittlich rund 120 Schiffsbewegungen am Tag lassen sich hier beobachten. Und könnte es etwas Entspannteres geben, als auf das Wasser zu sehen, das nur vom Wind leicht gekräuselt wird, und den kreuzenden Schiffen nachzuschauen, vielleicht ein wenig Fernweh zu entwickeln und an den nächsten Urlaub zu denken? Dafür jedenfalls bietet das „Nasse Dreieck“ allerbeste Voraussetzungen, denn an der Kreuzung der beiden Wasserstraßen findet sich direkt am Wasser selbstredend auch eine Gastronomie mit großem Biergarten.

Wer die Aussicht besonders genießen möchte, der sollte sich an der nördlichen Seite hoch zur Kreisstraße K38 begeben. Dort hat der Heimatverein Riesenbeck eine kleine Aussichtsplattform eingerichtet, die sogenannte „Kleine Loreley“, von der man auf das „Nasse Dreieck“ schauen kann. Und wer sich dann immer noch nicht sattgesehen hat, der findet weiter oben, direkt hinter der „Kleinen Loreley“, ein Hochkreuz, dessen Plateau als Aussichtspunkt ebenfalls hervorragend geeignet ist. Dies ist über den Parkplatz „Nasses Dreieck“, welcher rund 200 Meter von der „Kleinen Loreley“ entfernt liegt, gut zu erreichen. Ein anstrengungs- weil steigungsfreier Spaziergang entlang des Kanals darf bei einem Besuch natürlich auch nicht fehlen. Wer eine etwas längere Tour nicht scheut, findet hier – zum Beispiel in Form der Teutoschleife „Bevergerner Pättken“ – zahlreiche weitere Wanderwege zur Erkundung der näheren Umgebung.

- Nasses Dreieck, Am Hafen 15, 48477 Hörstel
  www.am-nassen-dreieck.de
- ÖPNV: Ab Ibbenbüren Busbahnhof RegioBus R63, Haltestelle Gravenhorst, Millionenbrücke. Ab hier ca. sieben Minuten Fußweg

Landwirtschaft zum Genießen

15 Erlebnishof Löbke in Ibbenbüren

Der Hof Löbke im Ibbenbürener Ortsteil Laggenbeck ist so etwas wie das Blumenmädchen unter den Bauernhöfen. Stets fein herausgeputzt und blitzsauber begrüßt er seine Besucher. Hier ist Landwirtschaft in ihrer reinsten Form zwar vielleicht nicht unmittelbar erlebbar, aber den Namen Erlebnishof trägt er trotzdem zu Recht. Schon allein wegen des großen Hofladens lohnt sich ein Besuch. Wer den Laden betritt, dem gehen zunächst die Augen über ob des riesigen und vielfältigen Angebots in den Regalen, das zudem auch noch ansprechend präsentiert wird. Hier finden sich fix und fertige Präsentkörbe mit allerlei Handgemachtem, hofeigene Marmeladen und weitere Brotaufstriche, frisches Gemüse, Wursterzeugnisse aller Art, duftendes Brot und leckere Kuchen aus der hauseigenen Backstube ebenso wie die beliebten Backmischungen und hausgemachte Liköre. Alles entweder auf dem Hof Löbke selbst zubereitet und erzeugt oder von benachbarten Höfen aus der näheren Umgebung – ein Paradebeispiel für die Eigenvermarktung von landwirtschaftlichen Produkten mit perfektem Ambiente!

TIPP

Im Hofladen gibt es eine Menge origineller Backmischungen für Kuchen und Kekse.

Ähnlich genussreich geht es gleich nebenan im Hofcafé zu, wo neben einem wechselnden Mittagstisch am Nachmittag hausgemachte Kuchen und Torten auf dem Speiseplan stehen. Ob in der Diele, auf den verschiedenen Terrassen, zum Beispiel unter dem Kastanienbaum oder am Teich, dort schmeckt das alles dann gleich doppelt so gut. Auch die kleinen Besucher kommen auf dem Erlebnishof nicht zu kurz: Im Sommer 2014 hat der Hof Löbke in Ibbenbüren auf dem Hofgelände einen großen Spielpark für Kinder eröffnet. Dieser befindet sich direkt am Hof, umgeben von einem kleinen Wäldchen. Auf einer Fläche von rund 6000 Quadratmetern bietet er eine Vielzahl an Spiel-, Sport- und Bewegungsmöglichkeiten. Ob Seilbahn, Niedrigseilgarten, ein großes Hüpfkissen, ein Wasserspielplatz oder die Strohburg – die vielen Spielmöglichkeiten sorgen dafür, dass stundenlang keine Langeweile aufkommen kann.

- Hof Löbke, Alstedder Straße 148, 49479 Ibbenbüren
www.loebke.com
- ÖPNV: Ab Ibbenbüren Busbahnhof RegioBus R20,
Haltestelle Lehrer-Lämpel-Weg

Hofladen

Wanderglück im Münsterland

16 Der Hermannsweg

Das Münsterland ist bekannt für Leezen und das herausragend ausgebaute Radwegenetz. Weit weniger bekannt ist es als Wanderregion – völlig zu Unrecht! Denn insbesondere auf dem Höhenzug des Teutoburger Waldes und im Tecklenburger Land lässt es sich ganz trefflich wandern. Darüber hinaus verläuft hier einer der berühmtesten und schönsten Wanderwege Deutschlands, der Hermannsweg. Seinen Anfang nimmt er im Nordosten des Münsterlandes, in Rheine. Von hier führen insgesamt drei Etappen durch das östliche Münsterland, oft hart an der Grenze zu Niedersachsen, aber immer wunderschön und mehr als geeignet, Wandererherzen höher schlagen zu lassen. Das komplette Wanderglück erlebt nur, wer wirklich alle drei Etappen erkundet – es muss ja nicht an einem Stück oder in direkter Folge sein. Die erste Etappe von Rheine nach Hörstel eignet sich dabei besonders als Warm-up und für ungeübtere Wanderer. Sie ist zwar 19 Kilometer lang, kommt aber fast ohne Höhenmeter aus. Die Gellendorfer Mark, das Wilde Weddenfeld und die Bevergerner Aa sorgen auf diesem Streckenabschnitt für die besonderen Naturerlebnisse. Ebensolche bietet natürlich auch die zweite Etappe, die auf ebenfalls 19 Kilometern von Hörstel bis ins Bergstädtchen Tecklenburg führt. Rund 450 Höhenmeter machen diesen Abschnitt schon etwas sportlicher. Das „Nasse Dreieck" bei Hörstel, die Dörenther Klippen und das Örtchen Brochterbeck markieren die Highlights dieser Etappe.

Der dritte Abschnitt des Hermannswegs schließlich führt den Wanderer aus dem Münsterland hinaus, und zwar von Tecklenburg bis ins niedersächsische Bad Iburg. 21 Kilometer und gut 300 Höhenmeter sind zu bewältigen. Am Wegesrand warten das Wasserschloss Haus Marck, riesige Kalksteinbrüche, der Lengericher Canyon und eine echte bayerische Waldwirtschaft auf die Wanderer, ehe die Landesgrenze passiert wird.

Wer nun auf den Geschmack gekommen ist, der kann noch die wunderbaren Teutoschleifen erwandern, die links und rechts des Hermannsweges zu weiteren Touren einladen.

- Start des Hermannswegs am Bahnhof Rheine, Kardinal-Galen-Ring 44, 48431 Rheine, www.hermannshoehen.de
- ÖPNV: Ab Münster Hbf. RE15, RE7, RB65, Haltestelle Rheine Bahnhof

Das westfälische Versailles

17 Schloss Nordkirchen

Wer zum ersten Mal von nördlicher oder südlicher Seite kommend auf das Schloss Nordkirchen zugeht, dem wird es die Sprache verschlagen. Zum einen aufgrund der Größe und Ausmaße des Wasserschlosses, zum anderen aber auch, weil einen solchen Bau mitten im Münsterland, rund 25 Kilometer von Münster entfernt, wohl niemand vermuten würde. „Was für ein mächtiger Herrscher muss hier einst residiert haben!", ist man versucht auszurufen und ahnt doch bereits, da man sich im Münsterland befindet, dass es sich dabei wohl nicht um einen weltlichen Herrscher gehandelt haben mag. Und tatsächlich baute erst der Fürstbischof von Münster die ursprüngliche Wasserburg aus dem 16. Jahrhundert zu Beginn des 18. Jahrhunderts zu einer prachtvollen Residenz aus, die ihresgleichen sucht und daher heute auch – völlig zu Recht – den Beinamen „Westfälisches Versailles" trägt. Kein Wunder, dass die Bauarbeiten satte drei Jahrzehnte dauerten und Unsummen verschlangen.

Das Schloss liegt auf einer von viereckigen Wassergräben, sogenannten Gräften, umgebenen Insel inmitten eines großen Parks, der – wie auch das Schloss – nach französischem Vorbild angelegt wurde. Der nördliche Teil des Gartens ist besonders imposant und trägt den romantischen Namen Venusinsel. Er beherbergt zahlreiche leuchtend weiße Skulpturen. Flächen und Wege sind hier – ganz besonders feudal – mit Kies aus weißem Carraramarmor bedeckt. Zusammen bilden Schloss und Park ein „Gesamtkunstwerk von internationalem Rang", wie inzwischen sogar die UNESCO befand. Am besten lässt sich das Schloss Nordkirchen bei einem Spaziergang durch den weitläufigen Schlosspark erkunden. Doch sind im Schloss auch Führungen durch das Innere möglich – ein eher seltener Glücksfall unter den Schlössern des Münsterlandes. Heute ist das prächtige Schloss übrigens Sitz der Fachhochschule für Finanzen NRW. Aber auch ein Restaurant ist hier inzwischen zu Hause. Und wer große Pläne hat, dem sei geflüstert: Die Schlosskapelle kann für Trauungen gebucht werden …

● Schloss Nordkirchen, Schloß 1, 59394 Nordkirchen, Innenbesichtigung im Rahmen einer Führung ohne Anmeldung an Sonn- und Feiertagen
● ÖPNV: Ab Münster Hbf. RB50 bis Capelle, ab hier RegioBus R53, Haltestelle Nordkirchen, Capeller Tor. Ab hier zehn Minuten Fußweg

Genuss mit allen Sinnen

18 GOP Münster

Wenn sich im GOP Varieté-Theater in Münster der Vorhang hebt, öffnet sich für das staunende Publikum die Tür zu einer anderen Welt. Eine Welt voller Magie, Dynamik und Energie, Humor, poetischer Träumereien und atemberaubender Artistik, in der plötzlich nichts mehr unmöglich zu sein scheint. Die Darbietungen der alle zwei Monate wechselnden Shows könnten dabei abwechslungsreicher nicht sein – von Slapstick über Zauberei bis hin zu furioser Artistik in luftiger Höhe fehlt es an nichts. Hier erlebt das Publikum faszinierende Shows mit internationalen Artisten und Entertainern auf Weltniveau, stets verbunden durch einen roten Faden, der durch die Show leitet. Und auf diese Weise wird man im GOP Münster dem eigenen Anspruch und Namen absolut gerecht, denn Varieté bedeutet wörtlich übersetzt schließlich nichts anderes als Vielfalt.

Warme Rottöne, edles Holz und eine moderne Architektur bestimmen die Atmosphäre im GOP Varieté-Theater in Münster. Hervorgegangen ist es aus dem ehemaligen Roland-Theater, das umfangreich umgebaut und modernisiert wurde, ehe es 2005 zum GOP Varieté wurde. Ebenfalls zu den Neuerungen gehörte beim Umbau eine hochmoderne Bühnen-, Licht- und Soundtechnik, die die Darbietungen der Künstler auf gelungene Art und Weise unterstreicht und ihnen einen würdigen Rahmen verleiht.

Das GOP-Credo lautet „Genuss mit allen Sinnen" – und ein Sinn fehlt noch im Reigen, doch auch der Gaumen kommt im GOP nicht zu kurz. So gibt es zum einen die Möglichkeit, Show und Speisen direkt miteinander zu verbinden und im Theatersaal ein Zwei- oder Drei-Gänge-Menü zu genießen, oder die Gäste können – um die Sinne nicht zu überfordern – vor oder nach der Show im Restaurant im ersten Stock zwischen saisonalen Köstlichkeiten oder den schmackhaften Menüs wählen. Außerdem gibt es während der Show leckere Kleinigkeiten und ausgesuchte Getränke à la carte – und sonntagnachmittags natürlich auch Kaffee und Kuchen.

● GOP Varieté-Theater Münster, Bahnhofstraße 20–22, 48143 Münster
www.variete.de
● ÖPNV: RB65, RB66, RB63, Haltestelle Münster Hbf.
Das GOP ist nur rund 200 Meter entfernt.

55

Mehr als ein Ausflugsdorf

19 Malerisches Gimbte

Ein pittoresker Ortskern, viele Cafés und Restaurants, eine überaus reizvolle Umgebung: Gimbte, das gerade mal rund 900 Einwohner zählt, hat alles, was ein Ausflugsort braucht. Und so wundert es nicht, dass hier nicht nur in den Sommermonaten reger Betrieb herrscht.
Vor allem für Radwanderer ist Gimbte ein beliebtes Ziel. Viele Radwege, darunter der beliebte Emsauenweg, führen mitten durch den Ortskern. Neben den Münsteranern finden auch immer mehr Besucher aus entfernteren Regionen den Weg nach Gimbte. So richtig voll wird es einmal im Jahr an einem Wochenende im August. Dann verwandelt sich der Ortskern zu einem überregional bedeutenden Kleinkunstmarkt, bei dem über 100 Aussteller ihre Kleinkunstobjekte zum Kauf feilbieten.
Neben dem attraktiven Ortsbild und der weit über die Ortsgrenzen hinaus bekannten Gastronomie ist die schöne landschaftliche Umgebung das bedeutendste Pfund, mit dem Gimbte wuchern kann. Das Naturschutzgebiet „Bockholter Berge“, eine Dünen- und Heidelandschaft, ist durch Wanderwege gut erschlossen. Das Naturschutzgebiet Rieselfelder, das mit über 100 Teichen europaweit bedeutende Rast- und Brutgebiet für Wasser- und Wattvögel, ist ebenfalls mit dem Rad gut zu erreichen und ein echtes Highlight für jede Radrundtour von Gimbte aus. Ebenfalls ihren Reiz hat die sich südlich anschließende Emsaue, die mit Altarmen, Baggerseen und Feuchtwiesen ein abwechslungsreiches Bild bietet.
Auch wenn Gimbte als Wohnort gefragt ist, wird auf eine behutsame Dorfentwicklung Wert gelegt, um das aus einem Drubbel, einer Bauernhofgruppe, gewachsene Ortsbild zu erhalten. Noch heute bestimmen stattliche Bauernhöfe ebenso das Ortsbild wie die Kirche St. Johannes, die einen der ältesten Taufsteine des Münsterlandes besitzt. Ein Gedenkstein in Gimbte erinnert daran, dass der Heimatdichter und Naturforscher Hermann Löns sich Anfang des 20. Jahrhunderts hier häufiger aufhielt. Ob er hier sein Glück gefunden hat, ist zwar nicht überliefert, wohl gefühlt haben dürfte er sich hier aber allemal.

- Dorfplatz Gimbte, Alter Fährweg 6, 48268 Greven
www.greven.net
- ÖPNV: Ab Greven Rathaus ZOB Bus 256, Haltestelle Gimbte Dorf

Wunder der Natur ganz nah

20 Allwetterzoo Münster

Das kleine Nashornbaby tapst noch etwas unsicher hinter seiner Mutter drein, die junge Giraffe reckt den Hals nach Leibeskräften, und bei den Schimpansen jagen sich die Jungtiere über Baumwipfel und Felsen – der Frühling ist zweifellos die schönste Zeit, um dem Allwetterzoo Münster einen Besuch abzustatten. Denn dann zeigt sich hier allerorten das Wunder der Natur, wenn die zahlreichen verschiedenen Tiere Nachwuchs bekommen haben, der nun seine ersten Gehversuche unternimmt. Ein Anblick, der beim faszinierten Betrachter unweigerlich einen Schwung Endorphine freisetzt.

Doch natürlich ist der Allwetterzoo Münster auch zu jeder anderen Jahreszeit einen Besuch wert. Denn wo sonst kann man im Münsterland Elefanten füttern oder Pinguine beim Spaziergang begleiten? Für die Nähe zwischen Mensch und Tier ist der Zoo sogar bundesweit bekannt. Nicht zuletzt trugen 100 Folgen der ARD-Serie „Pinguin, Löwe & Co." dazu bei, dass immer öfter Autos aus allen Bundesländern vor dem Zoo parken. Egal, wie weit die Anreise auch war – einen ganzen Tag sollte der Besucher für den Zoo einplanen, denn hier gibt es einfach eine Menge zu erleben und zu entdecken, und das gilt für große wie kleine Besucher gleichermaßen! Umgeben von Wald, Wiesen und Feldern bietet das parkähnliche Zoogelände den Kindern ein vielfältiges Angebot kleiner und großer Spielplätze, eine Streichelwiese, und auf Picknickplätzen lässt es sich gemütlich pausieren. Ein Restaurant, eine Cafeteria und Kioske sorgen dafür, dass auch sonst alle Wünsche erfüllt werden.

TIPP
Auf der Internetseite des Zoos kann ein Zooquiz für Kinder heruntergeladen werden.

Der Zoo verdankt seinen Namen den „Allwettergängen", die vor Regen, Schnee oder zu viel Sonne schützen. Diese überdachten Wege verbinden die großen Tierhäuser miteinander. Rund 3.000 Tiere aus allen Erdteilen leben hier. Einige Anlagen sind außergewöhnlich, beispielsweise die für Breitmaulnashörner und Erdmännchen. Die beiden südafrikanischen Tierarten sind unmittelbare Nachbarn und bewohnen naturnah gestaltete, großflächige Gehege mit ausgefallenen Details.

- Allwetterzoo Münster, Sentruper Straße 315, 48161 Münster
www.allwetterzoo.de
- ÖPNV: Ab Münster Hbf. StadtBus 2, 14, 34, Haltestelle Allwetterzoo

Westfälisches Glück im Glas

21 Pott's Brau- und Backhaus in Oelde

Ein frisch gezapftes, nach alter Tradition gebrautes, schäumendes Bier, ein deftiges Essen und urige Atmosphäre – zusammen ergibt das echtes Westfalen-Glück! Und wo könnte man das unmittelbarer, quasi in destillierter Form besser genießen als direkt vor Ort, dort, wo das Bier gebraut wird? Im Münsterland ist eine der besten Adressen dafür in Oelde zu finden, denn hier hat das Pott's Brau- und Backhaus in direkter Nachbarschaft zur Pott's Erlebnisbrauerei seinen Sitz. Zunächst lädt Letztere zu einem Besuch der gläsernen Produktion ein, die in Europa einzigartig ist und eine der modernsten Abfüllanlagen für Bügelverschlussflaschen beinhaltet. Ohne Voranmeldung können die Besucher den Brauern hier bei ihrer Arbeit zuschauen. Zahlreiche Informationstafeln, große Schaufenster, Videoanimationen sowie eine Besichtigungstribüne ermöglichen den uneingeschränkten Einblick in alle Abteilungen und wecken bereits einen zarten Bierdurst. Im Georg-Lechner-Biermuseum direkt nebenan wird die Geschichte des Brauwesens erlebbar. Die Vergangenheit von über 500 ehemaligen, aber auch noch aktiven Brauereien aus Westfalen wird hier lebendig und ist auf verschiedenen Tafeln aufgearbeitet. Nachdem der Wissensdurst gestillt ist, steht der kulinarische Genuss im Vordergrund. Im Pott's Brau- und Backhaus sorgen die Brauerfamilie Pott und Metzgermeister Friedhelm Forthaus für ein genussreiches Wohlfühlambiente westfälischer Art. In der eigenen gläsernen Bäckerei und Metzgerei werden täglich frische Backwaren sowie Fleisch- und Wurstspezialitäten mit größter handwerklicher Sorgfalt produziert. In der Brauhausküche kreieren die Köche daraus leckere regionale Gerichte, die den Besuchern im liebevoll eingerichteten Braugasthof mit seinem rustikalen Charme und dem buchenholzbefeuerten Steinbackofen serviert werden. Selbstverständlich mit einem frisch gezapften Pott's. Im Sommer hat man in dem großen Biergarten natürlich auch die Möglichkeit, westfälisches Glück unter freiem Himmel zu genießen.

- Pott's Brau- & Backhaus, In der Geist 120, 59302 Oelde
  www.potts.de
- ÖPNV: Ab Oelde Bhf. Bus 473, Haltestelle Pott's

Pott's
Pilsener

Kleines Freizeitparadies

22 Pröbstingsee Borken

Die Münsterländer haben das große Glück, dass ihnen die Natur viele schöne Orte und die unverwechselbare Parklandschaft geschenkt hat. Dort, wo die Natur etwas weniger spendabel war, hilft man sich einfach selbst. Ein gutes Beispiel für diese praktische Einstellung ist der Pröbstingsee in Borken. In den 1970er-Jahren befand man, dass in Borken ein großes Naherholungsgebiet fehle und machte sich an die Arbeit. Entstanden ist der 100.000 Quadratmeter große Pröbstingsee, der sich bis heute nicht nur bei Borkenern großer Beliebtheit erfreut und vor allem mit Vielseitigkeit punktet. Im Sommer lädt er zur Abkühlung ein – ein Sandstrand mit Badebucht zum Nulltarif wartet auf Wasserratten und Sonnenanbeter. Tret-, Paddel- und Ruderboote stehen für kleine und große Freizeitkapitäne bereit. Am Bootssteg mit Kiosk und schöner Außenterrasse lässt es sich herrlich entspannen und bei Kaffee und Kuchen die Sonnenstrahlen oder bei einem abendlichen Drink die untergehende Sonne genießen. Auch kleine Besucher kommen nicht zu kurz: Zwei große Spielplätze und eine Minigolfanlage lassen Kinderherzen höher schlagen. Entlang des Seeufers und im Pröbstinger Busch warten Wanderwege und Nordic Walking-Strecken auf alle, die sich körperlich ertüchtigen wollen. Das lässt sich gleich auch noch mit einem kleinen wissenschaftlichen Exkurs verbinden, denn der Planetenweg möchte ebenfalls erkundet werden. Der gekennzeichnete, sechs Kilometer lange Weg ist ein maßstabgetreues, verkleinertes Modell des Sonnensystems und führt von der Sonne zum Zwergplaneten Pluto. Und wer schwindelfrei ist und das Abenteuer sucht, der wird sich im benachbarten Kletterwald pudelwohl fühlen.

Mehrmals im Jahr ist der Freizeit- und Erholungspark Pröbstingsee auch Schauplatz für besondere Spektakel: der Dragonboat-Cup im Mai, das Pfingstreitturnier des ZRFV Borken e. V., der Kurztriathlon und Trimmathlon im August und das „Mittelalterlich Spectaculum" im September ziehen regelmäßig Besucher von nah und fern an.

- Parkplatz an der Schlossklinik, Pröbstinger Allee 14, 46325 Borken
  www.bootshaus-proebstingsee.de
- ÖPNV: Ab Borken Bhf. RegioBus R51, Haltestelle Hoxfeld, Haus Pröbsting

Prachtbau mit Musik

23 Schloss Ahaus

Je nachdem von welcher Seite man sich Schloss Ahaus und seinem Park nähert, erscheint es entweder als eindrucksvolles Barockensemble oder als malerischer Landschaftspark mit Schloss. Glücklicherweise müssen wir uns bei einem Besuch nicht für eine der beiden Varianten entscheiden, denn das Schloss Ahaus kann von allen Seiten auf öffentlichen Wegen umwandert werden. Gelegen ist die prächtige Anlage mitten im Zentrum von Ahaus und bildete seit jeher den Kern des städtischen und kulturellen Lebens. Umso stärker blutete das Ahauser Herz, als das Schloss kurz vor Ende des Zweiten Weltkriegs von Fliegerbomben getroffen wurde und vollends ausbrannte. Daher ist der Gebäudekomplex, der hier heute das Zentrum der ehemaligen Kreisstadt bildet, weitaus jünger, als man auf den ersten Blick meinen könnte. Denn tatsächlich sehen wir nun das nach Originalplänen rekonstruierte und wieder errichtete Schloss, das früher als Jagdresidenz diente. Für die Ahauser ein echter Glücksfall also, dass die öffentliche Hand seinerzeit entschied, das Schloss gehöre unabdingbar zum Stadtbild und müsse neu erbaut werden. Ein Glücksfall freilich auch für alle Besucher, die am Schloss auf Erkundungstour gehen möchten. Das dekorative Triumphtor mit den Wachthäuschen an der Brücke des Ehrenhofs, der sich bis zum Torturm mit Brücke der Vorburg erstreckt, nimmt den staunenden Besucher in Empfang und bildet den Auftakt für einen spektakulären Rundgang. Dieser führt einmal um die symmetrische Anlage, vorbei an dem prächtigen Portal, verschiedenen Statuen, einer Brücke über die Gräfte und natürlich durch den sich anschließenden Schloss- und Stadtpark, in dem auch ein Spielplatz und das kleine, schmucke Teehäuschen auf die Gäste warten. Das Schloss selbst beherbergt heute die Technische Akademie Ahaus sowie das Torhaus- und Schulmuseum. Musikalische Glücksmomente gibt es übrigens regelmäßig im Fürstensaal bei den Ahauser Schlosskonzerten, die seit 1952 stattfinden und weit über die Stadtgrenzen hinaus bekannt sind.

- Schloss Ahaus, Oldenkottenplatz, 48683 Ahaus
- ÖPNV: Ab Münster Hbf. SchnellBus S70, Haltestelle Ahaus, Marienplatz. Ab hier ca. fünf Minuten Fußweg

Es klappert die Mühle

24 Windmühle Reken

„Glück zu“ riefen früher die wandernden Lehrlinge den Müllermeistern zu, wenn sie an seine Mühle kamen und um Arbeit baten. Dieser Gruß war die Kurzform für den Wunsch, der Müller möge vor Unwettern, Missernten und Bränden verschont bleiben, die in diesem Geschäft seinerzeit weit verbreitet waren. Von 1807 bis 1945 wird dieser Ruf auch an der Windmühle in Reken zu hören gewesen sein, denn in dieser Zeit war sie als Korn- und Grützmühle in Betrieb. Das ist zwar schon eine Weile her, aber auch heute noch erhebt sich die Turmwindmühle stolz und weithin sichtbar auf dem Rekener Mühlenberg. Stolz darf sie durchaus ein bisschen sein, denn darüber, dass sie zu den schönsten und ältesten ihrer Art in Westfalen gehört, ist man sich in Fachkreisen einig.

TIPP

Das Heimatmuseum ist von Mai bis Oktober, sonntags von 14.30 bis 18 Uhr für Besucher geöffnet.

Eine Menge Arbeit steckte schon damals in dieser Mühle – wer den Hügel erklimmt und das Gebäude vor sich stetig größer werden sieht, bekommt eine ungefähre Vorstellung davon, welche Anstrengung nötig war, diesen Koloss zu errichten. Die Grundmauern sind 1,50 Meter dick, die Höhe des Turmes beträgt zwölf Meter. Die Baukosten beliefen sich auf 3.200 Reichstaler – dafür hätte man damals auch einen mittleren Bauernhof bekommen!

Auch heute noch steckt viel Arbeit in der Mühle, die aber kein Müller mehr, sondern der Heimatverein Reken leistet, der hier 1972 das Heimatmuseum unterbrachte und die Mühle von Grund auf renovierte. Rund um die Rekener Windmühle haben sich im Laufe der Jahre zahlreiche Nebengebäude zu einem kleinen Freilichtmuseum gruppiert. Da gibt es das „Backhus“, in dem bei besonderen Gelegenheiten Brot gebacken wird, das Bienenhaus, den Kühlbrunnen und die zum Schutz gegen Nager auf Trapezsteine gesetzte „Museschoppe“. Neben seiner Funktion als Museum dient die Turmwindmühle heute außerdem als exklusives Trauzimmer. Wer hier bei seinem Besuch ein Brautpaar antrifft, kann also gleich ganz fachkundig zum Gruße winken: „Glück zu!“

● Heimatmuseum Reken, Mühlenberg 6, 48734 Reken
www.heimatarchiv-reken.de

● ÖPNV: Ab Borken Bhf. RegioBus R74, Haltestelle Groß Reken Hartmannshöhe

Tempel der Akustik

25 Konzert Theater Coesfeld

Im Jahr 2007 machte der Textilunternehmer Kurt Ernsting seiner Heimatstadt Coesfeld ein Geschenk, das seinesgleichen sucht. Zwei Jahre lang war zuvor an dem modern anmutenden, weiß strahlenden Gebäude mit der langen Fensterfront gebaut worden, sagenhafte 16 Millionen Euro hatte der Bau gekostet – das Konzert Theater Coesfeld war vollendet. Mit einer Aufführung von Beethovens 9. Sinfonie und Mozarts Zauberflöte wurde das neue kulturelle Herz Coesfelds, wenn nicht gar des westlichen Münsterlandes, eröffnet. Und schon nach den ersten Takten der Ouvertüre dürfte den Premierenbesuchern klar gewesen sein: Hier ist ein wahrer Tempel der Akustik entstanden. Denn vor allem das war Ernstings Ansinnen und sein Anspruch an die Architekten gewesen: Einen Klang zu schaffen, der den Zuschauer absolut alles um sich herum vergessen lässt. Und das ist hier mit dem Innenleben des Konzert Theaters in Perfektion gelungen. Keine rechten Winkel stören die Akustik in dem konvexen Innenbau, gegliederte und schräg zueinander orientierte Wände und Decken fördern eine gleichmäßige Durchmischung des Klangs und sorgen für einen sanften Nachhall. Drehbare Akustikflügel in den Wand- und Deckenflächen „zaubern" per Knopfdruck die gewünschte Akustik und versetzen den Besucher nicht nur in die richtige Stimmung, sondern bei mancher Theater- oder Musicalaufführung gleich in eine andere Welt. Der Zuschauer ist dabei stets praktisch mitten im Geschehen, denn selbst der äußerste der rund 600 Plätze ist gerade mal 20 Meter von der Bühne entfernt.

Programmatisch bietet das Konzert Theater Coesfeld eine ebenso breite Palette wie an akustischen Finessen. Mit einem vielfältigen Spektrum aus Konzerten, Musiktheater, Schauspiel, Entertainment, Varieté, Tanz und Kleinkunst bietet es in jeder Saison für alle Geschmäcker oftmals gleich mehrere Leckerbissen und hat sich zu einem Magneten weit über die Stadtgrenzen Coesfelds hinaus entwickelt. Die programmatische Federführung hat dabei bis heute die Ernsting Stiftung Alter Hof Herding inne.

- Konzert Theater Coesfeld, Osterwicker Straße 31, 48653 Coesfeld
  www.konzerttheatercoesfeld.de
- ÖPNV: Ab Coesfeld Bhf. RegioBus R81, Haltestelle CoeBAD

Natur trifft Kunst

26 Kunstgarten Lauheide in Telgte

Ein Garten wie Poesie: Hier fügt sich alles nahtlos zusammen, geht Kunst mit Gartenkultur eine Symbiose ein, wie sie selten zu bewundern ist: mal kaum merklich eingebettet in die Natur, mal deutlich hervorstechend und mit mahnendem Zeigefinger und nicht selten auch befreiend witzig oder mit einem Augenzwinkern: Das und vieles mehr ist der Kunstgarten Lauheide nahe Telgte, der noch immer ein echter Geheimtipp ist. Dem Gartengestalter Karl Erich Böttcher ist hier ein Gesamtkunstwerk gelungen, das seinesgleichen sucht und unbedingt einen Besuch wert ist. Der rote Faden, den der Besucher schnell an allen Ecken und Enden entdeckt, ist die Schaffung von Neuem aus Altem, Entsorgtem. „Aus meiner Ablehnung der Wohlstands- und Wegwerfgesellschaft entstehen viele meiner Schöpfungen", erklärt der Gartenschöpfer Böttcher den Leitgedanken seines offenen Gartens. Und so nehmen den Besucher schon am Eingang kunstvoll in einen Baum gehängte Fahrräder in Empfang, bilden aufeinander gestapelte Plastiktische und -stühle einen hoch hinaufragenden Turm, vereinen sich allerorten scheinbar nicht zusammengehörige Utensilien und bilden mehr als 250 Kunstwerke, die in der überwältigenden Mehrheit klarer und zusammengehöriger kaum sein könnten. In den meisten Fällen übrigens in bestechender Deutlichkeit ihrer Aussage, sodass auch Kunstlaien und weniger Kunstinteressierte von „Aha-Erlebnissen" bei ihrem Gang durch den Garten begleitet werden. All das fügt sich – als dürfte es gar nicht anders sein – in den pittoresken und verwinkelten Heidegarten, der besonders in seiner Blütezeit von Juli bis September mit seiner Farbenpracht beeindruckt. Im hinteren Teil des Gartens ist der Künstler selbst zu Hause und bewohnt hier das alte Bauernhaus. Wer mehr über die Kunstwerke oder den Garten wissen möchte, findet in Böttcher einen ebenso kompetenten wie unterhaltsamen Gesprächspartner, der seinen Besuchern gerne Rede und Antwort steht.

- Kunstgarten Lauheide, Lauheide 20, 48291 Telgte
  www.kunstgarten-lauheide.de
- ÖPNV: Ab Münster Hbf. StadtBus 4, Haltestelle Waldfriedhof Lauheide

Auf der Leeze ins Glück

27 Der Werse-Radweg

Natürlich darf eine Radtour im Reigen der Glücksorte im Münsterland nicht fehlen. Denn das Münsterland ist Leezenland. Leezen – so nennen die Münsterländer liebevoll ihre Fahrräder – sind hier allgegenwärtig. Das liegt vor allem an dem hervorragenden und weit verzweigten Radwegesystem, das in der gesamten Region stets für gute Orientierung sorgt. Zu einer der schönsten Touren lädt der Werse-Radweg ein, der auf 125 Kilometern steigungsarm durch den südlichen Kreis Warendorf mal direkt entlang der Werse, mal weiter abseits durch die von der Werse geprägte Landschaft verläuft. Er verbindet die Städte Beckum, Ahlen, Drensteinfurt, Sendenhorst, Oelde, Münster, Rheda-Wiedenbrück und Hamm jeweils mit ihren historischen und sehenswerten Ortskernen.

Entlang der Strecke erwarten den Radfahrer immer wieder Aussichtstürme, die weite Blicke in die Münsterländer Parklandschaft ermöglichen. Außerdem finden sich entlang des Werse-Radwegs insgesamt fast drei Dutzend Info-Stelen, die Auskunft geben über Wissenswertes und Spannendes am Wegrand und über die zu passierenden Orte. Meist ganz in ihrer Nähe: Tische und Bänke, die sich perfekt für ein Picknick unter freiem Himmel eignen. Wer dagegen zur Stärkung lieber irgendwo einkehren möchte, der wird entlang des Werse-Radwegs ebenso fündig: Vielerorts laden urige Gaststätten und gemütliche Landcafés zu einer Pause bei Kaffee und Kuchen oder einer herzhaften Münsterländer Spezialität ein.

Die gesamte Strecke ist freilich etwas lang für eine Tagestour. Eine schöne und deutlich verkürzte Alternative bietet die Anreise mit der Bahn bis nach Neubeckum. Von hier ist es nicht weit bis zum Einstieg in den Werse-Radweg bei Beckum, und der Weg nach Münster ist mit rund 60 Kilometern dann auch gut und bequem an einem Tag zu schaffen. Eine zweite Alternative bietet der Fahrradbus F1, der von Mai bis Oktober an Sonn- und Feiertagen zwischen Münster und Beckum verkehrt. Die Fahrräder werden auf dem Fahrradbus kostenlos transportiert.

- Einstieg in den Werse-Radweg in Beckum am Westpark nahe St. Martin
  www.werseradweg.de
- ÖPNV: Ab Münster Hbf. RB69 bis Neubeckum, ab hier der Ausschilderung nach Beckum folgen; oder mit dem Fahrradbus F1 ab Münster direkt nach Beckum

Prächtiges Wahrzeichen

28 Ludgerus-Dom in Billerbeck

Wer sich der beschaulichen und sehenswerten Stadt Billerbeck in den Baumbergen nähert, der sieht schon von Weitem das imposante Wahrzeichen der Stadt: die mehr als 100 Meter hohen Türme des Billerbecker Doms. Die Bezeichnung Dom hat sich durchgesetzt, obgleich die Kirche weder Kathedrale noch Bischofssitz ist. Allein die überwältigende Erscheinung des Gotteshauses räumt ihr das Recht dieses erhabenen Titels ein, und niemand käme auf die Idee, diesen anzufechten. Am allerwenigsten die Billerbecker selbst, denn sie sind zu Recht stolz auf ihren Dom. In den Jahren 1892 bis 1898 haben die Bürger von Billerbeck alle nur denkbaren Anstrengungen auf sich genommen und ihren Dom gebaut. Namenspatron ist der Heilige Ludger, der 805 von Karl dem Großen zum ersten Bischof von Münster ernannt wurde. Er wirkte nicht nur viel in Billerbeck, sondern verstarb auch hier, weshalb sich im Südturm des Doms ihm zu Ehren eine Sterbekapelle befindet. Sie ist auch das Hauptziel vieler Wallfahrer, die nach Billerbeck pilgern.
Wie es sich für einen Bau dieser Größenordnung in den Baumbergen gehört, ist natürlich auch der Ludgerus-Dom in Billerbeck aus dem leuchtend hellen Baumberger Sandstein erbaut. Die Gesamtarchitektur des Kirchenbaus ist historisch und greift auf die Stilformen der mittelalterlichen Gotik zurück. Die Fensterverglasung ist ebenfalls gotischen Vorbildern nachempfunden. Vor allem diese Fenster, die glücklicherweise von Kriegszerstörungen verschont geblieben sind, finden heute Bewunderung und tauchen besonders an sonnigen Tagen die Kirche in ein farbenprächtiges Licht, das Ehrfurcht einflößt. Die würdige Vollendung des Doms brachte erst das Jahr 2014, in dem die von der münsterschen Firma Fleiter gebaute Orgel installiert wurde. Mit 72 Registern auf vier Manualen und Pedal verfügt die neue Domorgel jetzt über eine dem Kirchenbau angemessene Dimension. Außer in den Gottesdiensten ist die Orgel auch regelmäßig in Konzerten zu erleben.

● St. Ludgerus, Kirchstraße 4, 48727 Billerbeck
www.domsite-billerbeck.de
● ÖPNV: Ab Coesfeld Bhf. RB63 bis Billerbeck. Ab hier ca. zehn Minuten Fußweg

Hallo, Dornröschen

29

Restaurant Kaseinwerk in Ostbevern

Wenn diese Mauern reden könnten! Was hätten sie nur alles zu erzählen aus den rund 120 Jahren ihrer Geschichte? Von der frühen Zeit als Molkerei, vom Aufstieg zum drittgrößten Kaseinwerk der Republik und von vielen Jahren als Industrieruine, umzingelt von Abertausenden aussortierten Autoreifen … Doch die liebsten Geschichten, die die Mauern des Alten Kaseinwerks erzählen würden, wären zweifellos die des letzten Jahrzehnts. Denn seither erlebt das altehrwürdige Gebäude seine schönsten und glücklichsten Momente. Seitdem es 2008 aus dem Dornröschenschlaf wachgeküsst wurde, gehört es zu dem Vier-Sterne-Komplex des BEVERLAND Gruppenresorts und dient mit neuem, stylischem Interieur als Erlebnisrestaurant. Seither hat es eine echte Piratenhochzeit, eine Hochzeit im Stil der 1930er-Jahre und viele andere Feiern und frisch getraute Paare gesehen, die hier im einzigartigen Ambiente den Beginn ihrer gemeinsamen Zukunft feierten. Die historischen Backsteinmauern in Kombination mit Stahlträgern und Holzboden geben dem 12,50 Meter hohen Raum und jeder Feier ein unverwechselbares Flair.

Doch nicht nur bei Heiratswilligen ist das Alte Kaseinwerk eine beliebte Adresse. Das Restaurant bietet selbstverständlich auch für Individualbesucher hervorragendes Essen à la carte. Auf der Speisekarte finden die Gäste eine interessante Mischung aus regionalen und kreativen Gerichten. Die Zutaten der Speisen sind vorwiegend heimischer Herkunft und werden teils auf dem Gelände des Hotel-Restaurants angebaut. Sogar eine eigene Angus-Rinderherde gehört inzwischen dazu.

Regelmäßige Veranstaltungen und Angebote wie das Tapas- oder Flammlachsessen, romantische Candle-Light-Dinner mit fünf Gängen oder Weinproben mit lebhafter Präsentation sorgen dafür, dass hier immer etwas geboten wird und die Erzählungen der alten Mauern noch Tage andauern könnten. Doch am Ende muss man es eben einfach einmal selbst erlebt haben. Für die Unterkunft im Anschluss ist gesorgt: in den spannenden Themenzimmern im Landhotel Beverland direkt nebenan.

TIPP

Eine Spezialität des Hauses ist der Flammlachs, der vor Ihren Augen im Steinofen zubereitet wird.

- Restaurant Kaseinwerk im Landhotel Beverland, Beverlandplatz 1, 48346 Ostbevern, www.kaseinwerk.de
- ÖPNV: Ab Münster Hbf. RB66 bis Ostbevern

Sporteln und relaxen

30 Aasee Bocholt

Wer Aa sagt, muss auch See sagen – so gilt's im Münsterland. Und der westlichste der drei namhaften Aaseen der Region findet sich in Bocholt. Wie seine zwei Äquivalente in Münster und Ibbenbüren ist auch er ein Ort der Entspannung und des gepflegten Abschaltens. Und wie auch der Münsteraner Aasee ist er künstlich angelegt worden und noch gar nicht mal so alt: Erst 1983 wurde dieses Freizeitareal eingeweiht. Der Bocholter Aasee steht seinem großen Bruder in der Westfalenmetropole an Größe nur um ein knappes Viertel nach und bringt es auf immerhin 32 Hektar Wasseroberfläche. Wer den Aasee von allen Seiten erkunden möchte, kann dies bequem schlendernd in etwa einer Stunde tun; der Rundweg ist ziemlich genau drei Kilometer lang. Dabei wird es in der Regel nicht langweilig, denn Segler, Surfer und Ruderer sind regelmäßig auf dem Aasee unterwegs und sorgen für ein stets buntes Bild auf dem Wasser. Überhaupt ist der Bocholter Aasee der wohl sportlichste seiner Gattung – hier gibt es Möglichkeiten zum Basketball spielen, zum Minigolfen, einen Tiefseilgarten, Nordic Walking Routen und vieles mehr. Im Sommer ist er sogar eine attraktive Alternative zu Freibädern. Im Nordosten des Sees ist ein Naturschwimmbad von rund 7.600 Quadratmetern angelegt worden. Der abgetrennte Badebereich wird bewacht und steht jedem, der Abkühlung sucht, kostenlos zur Verfügung. Eine grüne Liegewiese und ein kleiner Sandstrand machen das Badeglück perfekt. Bei so viel sportlicher Aktivität darf das Ruhen und Relaxen freilich nicht zu kurz kommen, und so finden sich rund um den Aasee auch allerorten Ruhebänke – sowohl an sonnigen Plätzen als auch im Schatten der wuchtigen Bäume, die den Aasee säumen. Hier einfach nur zu sitzen und das bunte Treiben rund um den See sowie auf dem Wasser zu beobachten, ist für sich genommen schon ein ganz formidabler Zeitvertreib. Wer seinen Ausflug hierher noch mit etwas Bildung verbinden möchte, dem sei das nahe gelegene Textilmuseum wärmstens empfohlen.

- Freizeitanlage Aasee, Hochfeldstraße 56a, 46395 Bocholt
  www.freizeitanlage-aasee.de
- ÖPNV: Ab Bocholt Bhf. RegioBus R51, Haltestelle Am Kreuzberg.
  Ab hier ca. zehn Minuten Fußweg

Zu Fuß in die Renaissance

31 Burg Lüdinghausen und Burg Vischering

Als Dreiburgenstadt hat sich Lüdinghausen weit über die Stadtgrenzen hinaus einen Namen gemacht, und die beiden schönsten dieser Burgen liegen so dicht beieinander und so nah am Stadtkern Lüdinghausens, dass sie sich geradezu aufdrängen, zu Fuß erkundet zu werden. Den Anfang soll dabei die Burg Lüdinghausen (Foto) machen. Umgeben von einem herrlichen Park, der früher einmal das Befestigungssystem der Burg bildete und der über mehrere Wege ebenfalls gut zu Fuß erkundet werden kann, liegt sie direkt im Zentrum Lüdinghausens. Wo vor 500 Jahren die geistlichen Herren des Domes zu Münster tagten, für die Zukunft des Münsterlandes planten und lebten, finden heute kulturelle Veranstaltungen und Trauungen statt. Schon allein, um die prächtige Renaissanceburg von innen zu sehen, lohnt sich ein Besuch beispielsweise der hier stattfindenden Konzerte.
Der Burgenspaziergang führt im Anschluss zu der nur wenige Hundert Meter entfernt liegenden Burg Vischering. Etwas trotzig blickt der beeindruckende Bau dem Besucher zunächst über die Gräfte entgegen, die den Wehrbau aus dem 13. Jahrhundert komplett umgibt. Doch je näher der Besucher kommt, umso freundlicher wirkt das Renaissance-ensemble, und spätestens am Burgtor nickt man einander schon freundlich zu – trotz Zugbrücke, Wehrgängen und Schießscharten. Burg Vischering erwartet die Gäste vor allem mit einem vielfältigen Angebot: Führungen für Kinder und Erwachsene, Koch- und Braukurse, Kindernachmittage und vieles mehr stehen hier auf dem Programm. Für diese Veranstaltungen sollten sich Interessierte allerdings unbedingt früh genug anmelden.
Für eine Stärkung sorgt das Café Reitstall im Hof der Burg. Samstags und sonntags wird hier Brot im Steinofen gebacken, und es gibt die Gelegenheit, dem Bäcker dabei über die Schulter zu schauen. Doch auch sonst erwartet die Gäste hier Leckeres – von hausgemachten Torten und Kuchen bis hin zu mehrgängigen Menüs bietet die Speisekarte reichlich Gaumenfreuden.

● Burg Lüdinghausen, Amtshaus 8, 59348 Lüdinghausen, www.burg-luedinghausen.de, Burg Vischering, Berenbrock 1, 59348 Lüdinghausen, www.burg-vischering.de
● ÖPNV: Ab Münster Hbf. SchnellBus S90, Haltestelle Lüdinghausen Zentrum. Ab hier ca. zehn Minuten Fußweg

Regale prall gefüllt mit Glück

32 Spielebude Bocholt

„Spielen macht glücklich, ganz klarer Fall", sagt Dennis Braun. Und wenn er damit richtig liegt, dann ist er stolzer Besitzer eines echten kleinen Glücksparadieses. Denn seit 2015 ist er Inhaber der Spielebude in der Bocholter Innenstadt, und hier schlagen die Herzen aller Verspielten gleich beim Betreten höher. In den Regalen finden sich Spiele für Kleinkinder ebenso wie ausgewachsene, komplexe Spielewelten, bei denen das Regelwerk schon mal bis zu achtzig Seiten umfasst. Die meisten haben Dennis Braun und seine Frau Kathrin selbst ausprobiert und finden daher für jeden Suchenden auch schnell das richtige Spiel. Die Begeisterung, mit der das Paar bei der Sache ist und von den Spielen spricht, wirkt ungeheuer ansteckend. Als ausgebildete Pädagogen bringen sie außerdem die Fachkenntnisse für Kinderspiele mit. Aus dieser tollen Mischung, Begeisterung und Fachkenntnis, entsprang auch die Idee, den Mangel an Spielefachgeschäften selbst zu beheben. Die Crew der Spielebude ist stets auf dem Laufenden, wenn es um neue Spiele und Trends geht, und so lohnt sich ein Besuch immer, da es ständig Neues zu entdecken gibt. In Bocholt und Umgebung hat sich die Spielebude so binnen kurzer Zeit zur Anlaufstelle Nummer 1 für Spielende entwickelt. Das liegt nicht zuletzt an der gelebten Begeisterung, die sich zum Beispiel in den regelmäßigen Veranstaltungen in der Spielebude niederschlägt. Immer dienstags treffen sich abends Tabletop-Spieler, um gemeinsam in die Spielwelt einzutauchen, und freitags ist die Spielebude bis 22 Uhr, manchmal bis 23 Uhr geöffnet und bietet einen offenen Spieleabend für alle, die Lust haben, neue Spiele und neue Leute kennenzulernen. Ein Angebot, das nur allzu gerne angenommen wird – um die 20 Spieler versammeln sich hier regelmäßig und testen die vielfältigen Demo-Spiele, tauschen sich über Erfahrungen aus und verbringen den Abend in munterer Runde. Unbedingt ausprobieren!

- Spielebude, Osterstraße 33, 46397 Bocholt
www.spielebude.com
- ÖPNV: Ab Bocholt Bhf. Bus 61, Haltestelle Theodor-Heuss-Ring. Ab hier ca. fünf Minuten Fußweg

KOSMOS

Paradies für Vögel

33

Europareservat Rieselfelder

Gerade einmal sechs Kilometer von Münsters Stadtzentrum entfernt liegt ein Naturparadies, wie es idyllischer kaum sein könnte. Denn hier befindet sich das Feuchtgebiet Rieselfelder, das mit 230 Hektar und über 130 Einzelteichen das Zuhause für eine unglaubliche Vogelvielfalt ist – heimische Tiere ebenso wie „Durchreisende". Das Naturschutzgebiet bietet ihnen einen Schutzraum, in dem sie brüten können, wo sie genug Futter für sich und ihre Jungen finden oder auf ihrer Flugreise Station machen können. Für die Vögel also allemal ein Glückstreffer mitten im Münsterland, aber auch für den Menschen, der dieses Naturparadies überhaupt erst erschaffen hat. Denn ursprünglich dienten die Rieselfelder dazu, die Abwässer der Stadt Münster auf diesen weitläufigen Flächen versickern zu lassen. Das wird schon lange nicht mehr gemacht, das nördlich gelegene Reservat hingegen wurde kontinuierlich über viele Jahrzehnte bewässert und hat sich so zu einem Naturschutzgebiet erster Güte entwickelt. Ein dichtes Wegenetz macht dieses auch für den Menschen erlebbar; es lässt sich übrigens besonders gut mit dem Fahrrad erkunden, aber auch ein Naturlehrpfad für Fußgänger erschließt das Gebiet. Hier kommen Besucher den teils seltenen Vogelarten ganz nah, ohne diese zu stören, und mit Ferngläsern im Gepäck können die Vögel von den Aussichtspunkten noch besser beobachtet werden. Viele Enten- und Gänsearten sind dabei zu sehen, zu den seltenen Rastvögeln zählen Flussregenpfeifer, Alpenstrandläufer, Bruchwasserläufer, Kampfläufer und Flussuferläufer. Auf dem Durchzug kann man Störche, Baumfalken, Rohrweihen, Trauerseeschwalben und viele weitere Arten beobachten. Natürlich brüten auch Eisvogel, Kiebitz, Grün-, Schwarz- und Kleinspecht hier. Als Ausgangspunkt für einen Besuch in den Rieselfeldern bietet sich die Biologische Station an. Hier erhalten Besucher Infomaterial und können sich im Ausstellungsraum vorab über den Lebensraum Rieselfelder informieren.

TIPP

Im März ist einer der Höhepunkte des Vogelzuges, dann gibt es hier besonders viele Arten zu sehen.

- Rieselfelder Parkplatz Nr. 3, Wöstebach 51, 48157 Münster
www.rieselfelder-muenster.de
- ÖPNV: Ab Münster Hbf. StadtBus 4, Haltestelle Rieselfelder

Unter Volldampf

34 Der Teuto-Express

Die auf Hochglanz polierte, schwarz-rote Lok schnauft und dampft, dass es nur so eine Lust ist, und ein bisschen fühlt sich der Betrachter an alte Westernfilme erinnert, in denen sich das Feuerross seinen Weg durch weite Steppen bahnte. Doch diese Dampflok mit den angehängten Plattformwagen ist absolut real, und die „Steppen", durch die sie regelmäßig und schon von Weitem sichtbar ihre Touren fährt, sind die Weiten der Münsterländer Parklandschaft: den Teuto auf der einen Seite, Raps- und Weizenfelder auf der anderen Seite. Es ist der Teuto Express, der hier durch das Land rollt und für Fahr- und Zaungäste die Eisenbahnhistorie alle paar Wochen wieder auferstehen lässt. Der gemeinnützige Förderverein „Eisenbahn-Tradition e.V." betreibt den Teuto-Express. Er hat sich zum Ziel gesetzt, einen historischen Dampfzug im Stil der ersten Hälfte der 1950er-Jahre zu erhalten und auf Strecken des Tecklenburger und Osnabrücker Landes sowie im Münsterland einzusetzen.

Damals gab es bei der Eisenbahn noch drei Wagenklassen, darunter die preiswerte dritte Klasse mit ihren Holzbänken, die manchen Eltern und Großeltern wohl noch in bester Erinnerung geblieben ist. Genau dieses historische Reisegefühl möchte der Verein seinen Fahrgästen im „Teuto-Express" vermitteln. Seit 1977 gibt es die Ausfahrten mit den prächtigen Loks – inzwischen und noch immer erfreuen sie sich größter Beliebtheit. Kein Wunder, denn wer einmal „unter Volldampf" durch das Münsterland gereist ist, vergisst dies so schnell nicht wieder und wird in der Regel zum „Wiederholungstäter" bei dieser dampfenden Ausfahrt ins Glück. Nicht selten sind die Ausflüge einem Thema unterstellt und bieten neben dem Erlebnis einer Fahrt in den historischen Wagen auch noch kulinarische Genüsse, wie beim Spargel- oder Grünkohl-Express. Wer in der kalten Jahreszeit den Zug besteigt, kann sich im Nikolaus-Express oder bei einer Glühweinfahrt schon einmal auf die vorweihnachtliche Zeit einstimmen. Also dann: Volldampf voraus!

● Kontakt: Eisenbahn-Tradition e.V., Postfach 1233, 49512 Lengerich
info@eisenbahn-tradition.de, www.eisenbahn-tradition.de

78 468

Blaue Lagune

35 Der Canyon von Lengerich

Der laute Ruf des Falken hallt von den Felswänden wider. Erhaben und fast gebieterisch kreist er hoch über dem türkisblauen Wasser, das nur vom Wind leicht gekräuselt wird. Dann gesellt sich ein weiterer Falke zu ihm, gefolgt von einem dritten. Schließlich sind es ihrer fünf, die vor dem staunenden Betrachter über die bewaldeten Felshänge durch die Luft schnellen. Fast könnte einem ob ihrer hellen Laute der Ruf des Uhus entgehen, der von weiter unten erklingt … Dass diese Szenerie sich nicht fernab der Zivilisation in einem Tal irgendwo in den Alpen abspielt, sondern im westlichen Münsterland, ist schwer zu glauben. Und dass dieses kleine Naturparadies ausgerechnet den Menschen und der Industrie zu verdanken ist, kann man sich noch viel weniger vorstellen. Doch genauso verhält es sich mit dem Canyon in Lengerich, liebevoll auch die Blaue Lagune genannt. Einst ein Steinbruch, heute ein Rückzugsort für eine Vielzahl seltener Tiere und Pflanzen – und auch für den Menschen, der nun als Zuschauer auf der Tribüne dieses Naturspektakel beobachten kann.

Bis zum Jahr 1977 waren hier noch die Maschinen in Betrieb, die den Kalk aus dem Teuto frästen, bis die Natur begann, sich ihr arg angegriffenes Territorium zurückzuerobern. Die tiefe Schlucht füllte sich allmählich mit Wasser, und die Vegetation begann zu sprießen. Aufgrund des kalkreichen Untergrunds erscheint das Wasser insbesondere an sehr sonnigen Tagen türkisfarben oder tiefblau. Innehalten, tief durchatmen und staunend der Natur zusehen – dazu lädt dieser Glücksort ein. An zwei Aussichtspunkten darf der Besucher hier einen Blick riskieren, und der hat es in sich. Der Aufstieg auf den Kamm des Teutoburger Waldes lohnt sich, denn ein von Menschenhand geschaffenes Naturparadies sieht man nicht alle Tage.

Zur Erkundung eignet sich beispielsweise der Wanderweg mit dem bezeichnenden Titel „Canyon Blick“, der auf seinen insgesamt elf Kilometern noch einiges mehr an Sehenswertem zu bieten hat und bestens ausgeschildert ist.

- Aufstieg zur Aussichtsplattform ab HELIOS Klinik, Martin-Luther-Straße 49, 49525 Lengerich
- ÖPNV: Ab Münster Hbf. RegioBus R51, Haltestelle Lengerich Altstadt. Ab hier ca. 15 Minuten Fußweg

Wissensdurst stillen

36 Brauhaus Stephanus in Coesfeld

Westfälische Gastlichkeit und urige Brauhausatmosphäre treffen sich im Brauhaus Stephanus in Coesfeld und verbinden sich zusammen mit kulinarischen Köstlichkeiten der herzhaften Art zu einem ganz besonderen Erlebnis nicht nur für den Gaumen. Der allerdings kommt bei einem Besuch in der Gaststätte mit mehr als einem Vierteljahrhundert Tradition freilich auf seine Kosten. Ob der goldbraune Schaufelbraten aus dem Ofen oder zarter Camembertkäse im kross-würzigen Stephanus Bierteigmantel, das Schnitzel in Malzpanade mit herzhafter Bockbiersauce oder Barbecuefeeling mit den würzigen Spareribs – die Küche weiß hier ebenso zu überzeugen wie der Braumeister. Ihm können die Besucher bei Interesse auch über die Schulter schauen.
Neben dem großen Biergarten und der gemütlich-rustikalen Braustube gibt es hier noch andere Angebote und Aktivitäten für die Besucher. Denn im Brauhaus Stephanus wartet das Hausbräu nicht nur auf trockene Kehlen, hier wird auch Wissensdurst gestillt. Aus welchen Zutaten wird Bier in Deutschland gebraut? Das weiß doch jedes Kind: aus Wasser, Malz, Hopfen und Hefe. Aber wie funktioniert das eigentlich genau? Da wird es schon schwieriger. Für Gruppen ab acht Personen bietet das Brauhaus Stephanus Brauereiführungen verschiedener Art an, die diese und viele andere Fragen rund um die Kunst des Bierbrauens beantworten. Der Stephanus-Braumeister erklärt dabei in fröhlicher Runde und auf vergnügliche Art den Weg vom Malzlager über die Sudpfanne in den „Whirlpool“ bis zu den Gärbottichen und Lagertanks. Eine zweite Führung verbindet das Back- und Brauhandwerk miteinander und lädt die Teilnehmer ein, sich selbst im Brotbacken zu versuchen.
Natürlich gibt es im Anschluss an so viele Informationen auch die Gelegenheit, bei einer Leckerei aus der umfangreichen Speisekarte und bei einem Gläschen Stephanus-Bräu das Erlebte zu vertiefen. Wer nun auf den Geschmack gekommen ist, kann sich das süffige Coesfelder Bräu selbstverständlich auch in der Flasche oder im Fässchen mit nach Hause nehmen.

- Brauhaus Stephanus, Overhagenweg 1, 48653 Coesfeld
  www.brauhaus-stephanus.de
- ÖPNV: Ab Münster Hbf. RB63 bis Coesfeld. Ab hier ca. zehn Minuten Fußweg

Hier entsteht frisches naturtrübes

Nostalgisches Vergnügen

37

Freizeitpark Sommerrodelbahn in Ibbenbüren

Für Kinder eine Reise in eine Welt voller Abenteuer, märchenhafter Wesen und rasantem Rodelspaß, für Erwachsene dagegen eine nostalgische Reise in die Vergangenheit: An der Sommerrodelbahn Ibbenbüren mit dem angeschlossenen Märchenwald ist im positivsten Sinne die Zeit stehen geblieben. Hier ist der Spaß noch ganz und gar analog, das Selbst-Erleben steht im Vordergrund, kein überflüssiger technischer Schnickschnack versperrt die Sicht auf das Leben und die kleinen Abenteuer.

Im Jahr 1926 kam einem Ibbenbürener Bergmann die Idee zu abenteuerlichen Rodelfahrten – ganz ohne Schnee. Er erschuf die Sommerrodelbahn – und noch heute sausen die Schlitten den Hang hinab. Damit blickt der Familienbetrieb auf eine lange Geschichte zurück und zieht auch noch im digitalen Zeitalter jährlich Tausende Familien von nah und fern in den kleinen, liebevoll in den Teutoburger Wald eingebetteten Freizeitpark. Und hier erwartet die Besucher ein wunderbar zeitloses Vergnügen.

TIPP

Von hier aus ist es nur ein Katzensprung bis zu den Dörenther Klippen!

Große und kleine Rodelfans düsen auf echten Holzschlitten den Hundert Meter langen Berg hinab. Das Kribbeln im Bauch steigt – und kaum sind die Rodelbegeisterten unten angekommen, wollen sie nochmal. Immer wieder sausen Jung und Alt auf der ältesten Sommerrodelbahn Deutschlands hinunter. Das Herzstück des Parks besitzt echten Kultstatus. Gleiches gilt für den Märchenwald direkt nebenan. Dort warten Rotkäppchen, der gestiefelte Kater, die Bremer Stadtmusikanten und viele weitere märchenhafte Gestalten auf Groß und Klein. Elf Grimmsche Märchen sowie kleine Nachbauten von Schlössern, Burgen und Höhlen gibt es zu erkunden, und sie alle sind unterhaltsam und gleichzeitig stimmig in das naturbelassene Gelände eingebettet. Unter lauschigen Buchen können sich die Kinder auf Spielplätzen mit rund 2500 Quadratmetern Größe austoben, Autoscooter und Eisenbahn fahren. Wenn dann der Bauch knurrt, erwarten die Besucher am Fuße der Rodelbahn allerlei Köstlichkeiten, für die sogar der Wolf das Rotkäppchen stehen lässt.

- Freizeitpark Sommerrodelbahn, Münsterstraße 265, 49479 Ibbenbüren www.sommerrodelbahn.de
- ÖPNV: Ab Ibbenbüren Bhf. SchnellBus S50/RegioBus R63, Haltestelle Sommerrodelbahn

Salz liegt in der Luft

38

Salinenpark Rheine

Wer durch die Grünflächen, vorbei am Parkplatz, auf das Gelände des Parks zugeht, der erwartet eigentlich augenblicklich, Meeresrauschen zu hören. Denn mit jedem Schritt liegt hier immer mehr Küstenfeeling in der Luft, Salz steigt in die Nase – ist denn so etwas möglich im nördlichen Münsterland? Aber ja! Der Grund dafür ist der Salinenpark in Rheine, insbesondere sein zentraler Bestandteil: die beiden Gradierwerke, in denen unaufhörlich Sole durch die Reisigbündel aus Schwarzdorn rieselt. Fast Tausend Jahre hat das Salz, das hier gewonnen wurde, die Geschichte Rheines maßgeblich mitbestimmt. Salz aus Rheine war vor allem im 18. und 19. Jahrhundert ein begehrtes Handelsgut. Die heute erhaltenen und renovierten Gebäude der „Saline Gottesgabe" gehören zu den ältesten technischen Kulturdenkmälern in Westfalen aus vorindustrieller Zeit. Alles über die Salzgewinnung und die Geschichte des Salzes in Rheine erfährt der Besucher im Salzsiedehaus mit seinen historischen Salzlagern, Feuerungsstätten und den großen, eisernen Siedepfannen. Doch auch über die Gradierwerke und den historischen Aspekt hinaus ist der Salinenpark reizvoll. Ruhe ist ein ganz auffälliges Element des Parks, und dieses spiegelt sich auch in der Gartenarchitektur wider. Überall im Park finden sich Bänke und stille Plätze, die zum erholsamen Verweilen einladen. Ein besonderes Schauspiel bieten hier regelmäßig die zahlreichen Störche, die im Salinenpark zu Hause sind und mit waghalsigen Flugmanövern ganz nah an den Besuchern vorbei beeindrucken. Blumenbeete mit Natursteinmauern, Rosen- und Staudenpflanzungen, der Teich vor den Gradierwerken und das pittoreske Dreigiebelhaus mit seinen Fachwerkmauern sorgen bei diesem Schauspiel für das richtige Bühnenbild. Der Salinenpark zählt zum sogenannten Bentlager Dreiklang, zu dem außerdem der NaturZoo sowie in direkter Nachbarschaft das Kloster Bentlage gehören, die beide ebenfalls zu einem Besuch einladen. Eine Gastronomie vor Ort rundet das Angebot ab.

TIPP

Führungen auf der Natur-, Salz und Kulturroute sind hier möglich.

- Salinenpark Rheine, Salinenstraße 105, 48432 Rheine
  www.saline-gottesgabe.de
- ÖPNV: Ab Rheine Bhf. Stadtbus C12, Haltestelle Saline

Treffpunkt an der Grenze

39

Die Haarmühle in Ahaus

Für diesen Ausflug bewegen wir uns sehr weit westlich ins Münsterland. Erst rund 300 Meter vor der niederländischen Grenze bremsen wir ab, denn hier steht direkt an dem Flüsschen Ahauser Aa die fast 400 Jahre alte Haarmühle. Diesen Namen trägt sie nicht, weil der Müller sich nebenberuflich als Coiffeur verdingte, vielmehr geht der Begriff auf das altdeutsche „Haar“ zurück, was so viel bedeutete wie „hügelige Waldlandschaft“. Die finden wir hier tatsächlich rings um die Haarmühle vor, weshalb sich direkt an der Mühle auch zahlreiche Wanderwege kreuzen, die dazu einladen, die nähere Umgebung zu Fuß zu erkunden. Aber auch Leezenfreunde kommen auf ihre Kosten, das münsterländische Radwegenetze ist hier bestens ausgebaut und beschildert. Und beides wird rege genutzt – die Haarmühle ist ein bei Niederländern wie Münsterländern gleichermaßen beliebtes Ausflugsziel. Das liegt nicht nur an der guten Wegeanbindung. Denn heute gehört zur Haarmühle auch ein Lokal mit großzügiger Außenterrasse und einem urigen Interieur. Eine besondere Sehenswürdigkeit ist der alte Wirtschaftsraum des Bauernhauses aus dem Jahr 1865. In ihm wurde 1930 eine Gaststätte errichtet. Selten schöne, original Delfter Kacheln mit einmaligen Bildmotiven schmücken die gesamten Wände bis zur Decke. Ein über 100 Jahre alter, offener Kamin sorgt im Gastraum für Gemütlichkeit. Im Restaurant direkt nebenan, das in dem alten Bauernhaus aus dem Jahr 1865 untergebracht ist, geht es nicht weniger urig und gemütlich zu; das Küchenteam bietet den Gästen durchgehend eine reichhaltige Auswahl an gutbürgerlichen und anspruchsvollen Gerichten in rustikalem Ambiente. Leckere Kuchen und ein hausgemachtes Brot sind hier ebenfalls zu genießen. Die alte Mühle selbst kann nicht nur von außen bestaunt werden, sondern ist zu den Öffnungszeiten der Gastronomie auch begehbar und macht alte Technik fast hautnah erlebbar, denn seit dem 1. April 1988 ist die Mühle wieder in Betrieb.

TIPP

Verschiedene Brote, Brotaufstriche und Wurstsorten gibt es hier auch zum Mitnehmen.

- Haarmühle, Beßlinghook 57, 48683 Ahaus
www.haarmuehle.de
- ÖPNV: Ab Ahaus Bhf. Bus 871, Haltestelle Alstätte, Markt. Ab hier BürgerBus B12, Haltestelle Haarmühle

Maisel's Weisse
BIERGARTEN

Streifzug durch die Altstadt

40 Dezentrales Stadtmuseum Warendorf

Zugegeben: Der Begriff „dezentrales Stadtmuseum“ klingt gar nicht sexy, und man könnte ob der Titulierung meinen, hier erwarte den Besucher nicht allzu viel Spannendes. Aber wie klingt dagegen der Begriff „Zuckertimpen“? Schon deutlich interessanter! Deshalb starten wir unsere Reise durch die Warendorfer Vergangenheit auch einfach genau hier. Denn darum geht es beim dezentralen Museum – um einen Streifzug durch die historische Altstadt Warendorfs, innerhalb derer verschiedene Standorte des Museums auf die Besucher warten. Den Anfang macht das Gadem Zuckertimpen. Bei diesem Gebäude handelt es sich um ein kleines Miethäuschen aus dem Jahr 1662, das als Gadem bezeichnet wird. Es repräsentiert die Wohnsituation zweier einfacher Arbeiterfamilien in der Zeit um 1925. In der Warendorfer Altstadt gibt es mehr als 60 solcher Gademe, die natürlich nicht alle museal erschlossen sind. Stattdessen geht die historische Reise durch Warendorf weiter im Haus Bispinck in der Münsterstraße und im klassizistischen Stadtpalais in der Klosterstraße 7. Hier geht es besonders vornehm zu, und es bieten die aufwendige Deckengestaltung zum einen und historische französische Bildtapeten sowie ein Biedermeiersalon zum anderen Einblick in das Lebensumfeld zweier Fabrikantenfamilien. Die Pracht der Einrichtung und insbesondere der Wände sorgt bei den Besuchern nicht selten für ungläubiges Staunen. Der nächste Halt ist das Torschreiberhaus am Osttor aus dem 19. Jahrhundert, wo es wieder etwas volksnaher zugeht. Das Haus zeigt den Lebens- und Arbeitsbereich des letzten Warendorfer Torschreibers. Zum „Finale“ geht es schließlich in das Historische Rathaus am Markt. Dieses ist der Informationsmittelpunkt für das Dezentrale Stadtmuseum. Neben dem Historischen Ratssaal gibt es dort wechselnde Ausstellungen mit zeitgenössischer Kunst oder zu kulturgeschichtlichen Themen der Stadt und des Umlandes zu bestaunen. Hier endet der historische Streifzug durch Warendorfs Altstadt.

- Gadem Zuckertimpen, Zuckertimpen 4, 48231 Warendorf
  www.heimatvereinwarendorf.de
- ÖPNV: Ab Münster Hbf. RegioBus R11, RB67/71 bis Warendorf Bhf.
  Ab hier ca. 15 Minuten Fußweg

Topflappen

Mufflons und Mönche

41 Das Heilige Meer

Imposante sakrale Bauten sind im Münsterland keine Seltenheit, aber dass hier ein Binnengewässer heilig sein soll, mag den einen oder anderen verwundern. Das ist allemal ein Grund, sich das „Heilige Meer“ bei Recke einmal genauer anzusehen. Wer auf diese Weise neugierig geworden ist, der findet vor Ort ein 260 Hektar großes Naturschutzgebiet, das vielfältiger und idyllischer kaum sein könnte. Neben dem See, der als „Heiliges Meer“ bekannt ist, prägen weitere kleine Seen, Feuchtwiesen, Moor- und Heideflächen die Umgebung. Der neun Kilometer lange Rundwanderweg „Heiliges Meer“ der Teutoschleifen bietet sich an, dieses Paradies für Naturliebhaber zu erkunden. Als Ausgangspunkt für eine Entdeckungstour durch die abwechslungsreiche Landschaft mit einem weit verzweigten Wegenetz eignet sich die Außenstelle „Heiliges Meer“ des LWL-Museums für Naturkunde an der Bergstraße. In diesem Info-Zentrum erfährt der Besucher viel Interessantes über das Naturschutzgebiet und die Erdfallseen, die hier ebenfalls entdeckt werden wollen. Unmittelbar hinter dem Gebäude liegt eine Schutzhütte, in der eine Ton-Dia-Schau über das Schutzgebiet zu sehen ist. Bei der anschließenden Tour durch die nahe gelegene Heidefläche trifft der Wanderer unter anderem auf eine nicht eben kleine Mufflonherde, die wenige Meter entfernt friedlich grast. Im Spätsommer bildet ein violettes Farbenmeer blühender Besen- und Glockenheide eine prächtige Kulisse. Und das alles ist nur der Auftakt für eine Tour durch die vielfältige Flora und Fauna!

Und warum nun „Heiliges Meer“? Dafür gibt es mehrere Erklärungsansätze, den blumigsten aber liefert die lebhafte Sagenwelt des Münsterlandes. Einst soll an der Stelle des Sees ein Kloster gestanden haben, in dem besonders lasterhafte Mönche hausten. Als Strafe für ihr gottloses Leben versank das Kloster mitsamt dem Grund, auf dem es stand, im Boden und wurde vom Wasser überflutet. Manch einer schwört Stein und Bein, man könne die Konturen des Klosters noch heute auf dem Grund des Sees erahnen …

- LWL-Museum für Naturkunde, Außenstelle Heiliges Meer, Bergstraße 1, 49509 Recke
- ÖPNV: Ab Ibbenbüren Bhf. RegioBus R27, Haltestelle Heiliges Meer

Wie ein Schneckenhäuschen

42

Haus Rüschhaus in Münster

Annette von Droste-Hülshoff zählt zweifelsohne zu den größten Namen nicht nur der westfälischen, sondern auch der deutschen Literatur. Ihr Geburtsort, die Wasserburg Hülshoff, ist sicher vielen bekannt. Weniger bekannt ist dagegen der Ort, an dem sie ungleich mehr Zeit verbrachte, den sie als ihr Refugium nutzte und der von ihr liebevoll „mein Schneckenhäuschen“ genannt wurde. Gemeint ist Haus Rüschhaus vor den Toren Münsters. Auch hier zeichnete Münsterland-Baumeister Johann Conrad Schlaun verantwortlich für die beeindruckende Gestaltung der Anlage. Er modellierte aus dem ursprünglichen Bauernhof einen adeligen Landsitz nach französischem Vorbild, ohne dass die Wurzeln der Anlage dabei verlorengingen. So entstand das Droste-Refugium, und wer ihm einen Besuch abstattet, versteht schnell, weshalb es die Droste immer wieder hierhin zurückzog, weshalb sie sich hier so besonders behaglich fühlte. Hier schrieb sie auch ihren wohl bekanntesten Roman „Die Judenbuche“. Nach dem Tod ihres Vaters zog sie schließlich ganz ins Rüschhaus um und verbrachte 20 Jahre ihres Lebens im „Schneckenhäuschen“. Und so ist es auch fast zwingend, dass hier heute noch in Form eines Museums an die westfälische Dichterin erinnert wird. Der Besuch des Hauses ist nur über eine persönlich geleitete Führung möglich, welche z. B. Küche, Stallungen, Gartensaal mit barockem Hausaltar, das italienische Zimmer und die Privaträume der Droste beinhaltet.

Hinter dem Haupthaus, das von zwei kleinen Pavillons eingerahmt wird, eröffnet sich eine wunderschöne barocke Gartenanlage, die jederzeit auch ohne Führung zugänglich ist. Ebenfalls frei zugänglich ist der Hochzeitswald der Stadt Münster, der sich direkt an das Rüschhaus anschließt und verschiedene Verweise auf das Leben der Dichterin beinhaltet. Wer sich nach einem Besuch im Rüschhaus noch ein wenig die Beine vertreten möchte, der sollte sich den gepflegten Wald mit den zahlreichen unterschiedlichen Baumarten auf keinen Fall entgehen lassen.

- Haus Rüschhaus, Am Rüschhaus 81, 48161 Münster
  www.haus-rueschhaus.de
- ÖPNV: Ab Münster Hbf. Stadtbus 5, Haltestelle Haus Rüschhaus

Wandern mit Urlaubsflair

43 Teutoschleife Holperdorper

Wer regelmäßig wandert, ist glücklicher. Das ist inzwischen wissenschaftlich untersucht und bewiesen. Wer dabei besonders schöne Wege geht, ist erst recht ein Glückspilz. Einer der schönsten Wanderwege im Münsterland ist die Teutoschleife Holperdorper. Als Teutoschleifen wird eine Reihe von Rundwanderwegen im Tecklenburger Land bezeichnet, die alle vom Deutschen Wanderinstitut als Premiumwanderwege ausgezeichnet wurden. Dieser bestens ausgeschilderte Rundwanderweg führt auf 13 Kilometern von Lienen über den Höhenzug des Teutoburger Waldes hinein ins Holperdorper Tal und wieder zurück über den Teuto. Während der Tour beschleicht den Wanderer ein ums andere Mal das Gefühl, gar nicht im Münsterland unterwegs zu sein, sondern vielleicht eher im Bergischen Land oder im Allgäu. Denn die sanften, grünen Hügel bei Holperdorp, die faszinierenden Weitblicke und das stete, aber nie mühsame Auf und Ab des Weges sorgen für Urlaubsflair und Hochgefühle. Das reicht noch nicht? Der Holperdorper bietet noch mehr: einen kleinen Wasserfall, die Brüggelieth-Quelle, einen Kalksteinbruch und mit den Duvensteinen gar noch einen vorzeitlichen Kultplatz. Diese und eine Anzahl weiterer Highlights sieht der Wanderer meist nicht kommen, denn der Weg verläuft in den seltensten Fällen so, dass er mehr als wenige Hundert Meter einsehbar ist. Immer wieder wechseln sich Wald, Wiesen und Felder als Kulisse für diese Wanderung ab und sorgen dafür, dass nie Langeweile aufkommt. Die rund 350 Höhenmeter sind auch für ungeübte Wanderer gut zu bewältigen, und mit dem Waldschlösschen und der Waldwirtschaft Malepartus warten auch gleich noch zwei Einkehrmöglichkeiten am Wegesrand darauf, entdeckt zu werden. Besonders beeindruckend präsentiert sich dieser Wanderweg im Frühjahr, wenn im Holperdorper Tal die Kirschbäume in voller Blüte stehen. Aber auch zu jeder anderen Jahreszeit ist er einen Ausflug wert. Um ihn in vollen Zügen und aller Ruhe zu genießen am besten einen ganzen Tag einplanen.

- Start am Hotel Restaurant & Café Waldschlößchen, Holperdorper Straße 31, 49536 Lienen
- ÖPNV: Ab Lengerich Bhf. RegioBus R46, Haltestelle Lienen, Kath. Kirche. Ab hier ca. 15 Minuten Fußweg

Friedliches Mikro-Dorf

44 Stift Tilbeck

Besucht man das Stift Tilbeck bei Havixbeck, kann man sich schon nach den ersten Metern durch dessen Gassen des Gefühls nicht erwehren, in eine ganz eigene, kleine Welt abzutauchen, eine, die friedlicher ist, beschaulicher, irgendwie entschleunigt, und der ein Zauber innezuwohnen scheint. Und tatsächlich ist das Stift Tilbeck ein Glücksort in vielerlei Hinsicht, vor allem aber weil es ein Hort gelungener Integration und Inklusion ist: Auf dem Gelände bei Havixbeck leben Menschen mit leichten bis schweren geistigen Behinderungen in einer dorfähnlichen Atmosphäre in großen Gebäuden und kleineren Familienhäusern zusammen. Zugleich bietet das Mikro-Dorf alles, was ein waschechtes Ausflugsziel ausmacht, weshalb es viele Besucher hierher zieht, den Ort auf diese Weise mit Leben füllt und rege Kontakte zwischen Besuchern und Bewohnern fördert. Den postromantischen Rahmen für diese Szenerie bilden die beiden alten Gebäude, „Gertrud“ und „Hildegard“, sowie die Kapelle und der eindrucksvolle Wasserturm, der den Besucher an der Einfahrt in Empfang nimmt. In den Sommermonaten ist der Barfußgang am Stift Tilbeck zweifellos die Hauptattraktion für die Gäste. Der Barfußpfad bietet auf etwa drei Kilometern nicht nur eine abwechslungsreiche Landschaft, verschiedenartige Untergründe machen ihn auch für die Füße zu einem besonderen Erlebnis. Mit einer Stärkung wartet im Anschluss das Café am Turm. Zu ihm gehört auch ein kleines Lädchen, in dem allerlei handgefertigte Produkte aus den Inklusionsbetrieben der Tilbecker Werkstätten erworben werden können. Viele Spielmöglichkeiten sorgen dafür, dass auch bei den kleinen Besuchern des Stifts Tilbeck keine Langeweile aufkommt. Und wer sich etwas genauer umsieht, der wird sogar in einer Ecke des Geländes einen bunt dekorierten, blauen Bauwagen entdecken – eine Reminiszenz an die Fernsehsendung „Löwenzahn“ mit dem unvergessenen Peter Lustig, der sich in dieser Umgebung zweifellos wohl gefühlt hätte …

TIPP

Sonntags von 9 bis 11.30 Uhr bietet das Café am Turm ein Frühstücksbuffet an.

● Stift Tilbeck, Tilbeck 2, 48329 Havixbeck
www.stift-tilbeck.de
● ÖPNV: Ab Münster Hbf. RegioBus R63, Haltestelle Stift Tilbeck

Süße Welt mit Ambiente

45 Café Hüftgold im Turmhaus Südlohn

Es war einmal ein schönes Gebäude, das in seinem Erscheinungsbild fast einer Burg glich. Neben einem spitzen, hochgewachsenen Haus in der Mitte, bildeten zwei Rundtürme den Abschluss zur linken und rechten Seite. In klassischer Bauweise, mit rotem Klinkerstein, symbolisierte es das Tor von Südlohn. So wie das Münsterland die Heimat vieler Schlösser ist, faszinierte auch dieses schlossartige Bauwerk und zog mit seiner besonderen Ausstrahlung die Menschen an. Man nannte es „Turmhaus". Heute ist das Turmhaus nicht mehr das Eingangstor Südlohns, sondern der Eintritt in eine Welt voller Genüsse und zu einem Paradies für Kuchen-, Schokoladen- und Pralinenliebhaber. Hier ist das Café Hüftgold zu Hause, das die Herzen aller Leckermäuler höherschlagen lässt. Im Café Hüftgold im Südlohner Turmhaus können Besucher nicht nur handgefertigte Pralinen probieren, die allesamt kleine Kunstwerke sind, sondern hier warten außerdem auch noch viele andere Leckereien auf die Besucher. Das große Kuchenbuffet mit riesiger Auswahl hausgemachter süßer Sünden steht freilich im Mittelpunkt eines Besuchs. Aber auch darüber hinaus stehen Besucherinnen und Besucher vor schweren Entscheidungen: Denn könnte es nicht auch statt des Kuchens eine belgische Waffel mit Portwein-Kirschen und Schokoladeneis werden? Oder ganz anders eine herzhafte Veggie-Waffel? Dienstags bis samstags bietet das Café zudem in der Zeit von 9 bis 12 Uhr ein Frühstück, an Sonn- und Feiertagen sogar einen üppigen Brunch mit großer Auswahl. An warmen Tagen gibt es die Möglichkeit, die kulinarischen Genüsse auch unter freiem Himmel zu sich zu nehmen. Mit dem stimmungsvollen Lichtergarten wartet eine ganz besondere Außenterrasse auf die Gäste. Doch auch für zu Hause oder feierliche Anlässe findet sich im Café Hüftgold etwas. Feinste Spezialitäten und immer wieder neue, schöne Geschenkideen warten in der Auslage. Von fertig verpackten Pralinenkollektionen über handwerkliche Konfitüren bis hin zu Kaffee- und Teespezialtäten bietet der Genussladen allerlei kulinarische Höhepunkte.

- Turmhaus Südlohn, Eschstraße 35, 46354 Südlohn
www.cafehueftgoldimturmhaus.de
- ÖPNV: Ab Borken Bhf. RegioBus R76, Haltestelle Südlohn Bahnhofstraße. Ab hier ca. sechs Minuten Fußweg

TURMHAUS
PRALINENMANUFAKTUR · CAFE · BISTRO

46 Vier-Jahreszeiten-Park in Oelde

Unter dem Motto „Blütenzauber und Kinderträume“ fand im Jahr 2001 in Oelde die Landesgartenschau statt und brachte Oelde mit dem neu gestalteten Park im Süden der Stadt eine Attraktion, die bis heute Tausende Besucher hierher lockt und die dem ursprünglichen Motto noch immer voll und ganz gerecht wird. Ob Frühling, Sommer, Herbst oder Winter: Der Vier-Jahreszeiten-Park ist das ganze Jahr über einen Besuch wert. Inmitten einer zauberhaften Parklandschaft eröffnet sich dem Besucher ein einzigartiges Arrangement aus blühenden Beeten, Wasser, Kindermuseum, Spielplätzen, Waldbühne, Freibad und Gastronomie. Ob bei ausgedehnten Spaziergängen durch die akkurat angelegten Grün- und Parkanlagen, bei einem Besuch der zahlreichen Veranstaltungen, zu denen im Winter auch eine Eisbahn zählt, oder bei einem Aufenthalt mit Kindern, die bei den vielen Attraktionen von Waldspielplatz über die Floßfähre bis zur Erlebnisfarm auf ihre Kosten kommen – wo ließe es sich für Jung und Alt gleichermaßen besser abschalten und den Alltag vergessen?
Besonders beliebt bei den jüngeren Besuchern ist natürlich das Kindermuseum KLIPP KLAPP. Hier können Kinder nach Herzenslust experimentieren, entdecken und forschen. Anfassen ist unbedingt erlaubt; hier darf alles ausprobiert werden. Für noch mehr Abwechslung sorgen der große Waldspielplatz, die riesige Spielburg mit Matschspielplatz, die gläserne Küche, die ebenso Mitmachprogramme im Angebot hat wie die alte Wassermühle aus dem Jahr 1726 am Rande des Vier-Jahreszeiten-Parks. Während die einen toben und staunen, genießen die anderen ein paar unbeschwerte Stunden der Muße. Inmitten der blühenden Natur lässt es sich vortrefflich entspannen – zahlreiche Bänke, Stühle und Sonnenliegen laden zum Relaxen ein. Sogar für Abkühlung an heißen Sommertagen ist gesorgt: Das Oelder Freibad befindet sich mitten im Park-areal. Und so erfüllt der Park tatsächlich, was er verspricht und bietet Abwechslung zu allen Jahreszeiten und stets „Blütenzauber und Kinderträume“.

- Vier-Jahreszeiten-Park, Konrad-Adenauer-Allee 20, 59302 Oelde
www.vier-jahreszeiten-park.de
- ÖPNV: Ab Oelde Bhf. Bus 474, Haltestelle Sommers Wiese

Auf verwunschenen Wegen

47 Tecklenburger Hexenpfad

Tecklenburg mit seiner historischen, fachwerkreichen Altstadt, der einmaligen Lage auf dem Kamm des Teutoburger Waldes und natürlich den weithin bekannten Freilichtspielen ist zu jeder Jahreszeit einen Besuch wert. Um die pittoreske Stadt, die zu Recht den Beinamen „Balkon des Münsterlandes“ trägt, genauer und etwas strukturiert zu erkunden und zugleich den Zauber des Teutoburger Waldes zu erleben, ist der Hexenpfad genau das Richtige. Rund fünf Kilometer lang ist die Strecke, die zu zahlreichen Sehenswürdigkeiten im und um den Tecklenburger Ortskern führt. Etwas Kondition kann nicht schaden, denn es geht reichlich bergauf und bergab.

Verlaufen kann man sich dabei so gut wie nicht, denn allerorten weist eine kleine, weiße Hexe auf grünem Grund den rechten Weg. Und der führt zunächst vom Haus des Gastes durch das historische Torhaus Legge hinauf zum Krönchen. So nennen die Tecklenburger die noch immer imposanten Reste der Burganlage, die tatsächlich wie eine Krone auf der Stadt sitzt. Es folgt der Wierturm, der zu Ehren Jan Wiers errichtet wurde, der sich als Kämpfer gegen den Wahn der Hexenverbrennungen einen Namen gemacht hat. Wenig später lässt der Wanderer die Stadt hinter sich und folgt nun verwunschenen Pfaden durch Felsen und dichten Wald. Er begegnet der Hexenküche mit dem Hexentanzplatz, wo sich sogar ein Hufabdruck des Teufels in den Steinen finden lassen soll, trifft auf das sogenannte Rolandsgrab, das ebenso sagenumwoben wie unheimlich ist, und passiert den Heidentempel, wo in grauer Vorzeit unsere Urahnen noch Tieropfer brachten. Für Abwechslung auf dieser kurzen Wanderung ist also gesorgt! Am Ende der abenteuerlichen Tour steht der Wanderer wieder auf dem Tecklenburger Marktplatz und hat nun die Qual der Wahl: Ob die Erkundung im Otto-Modersohn-Museum weitergehen soll, im Puppenmuseum, in einem der kleinen Läden der Altstadt oder gar hinunter zum Wasserschloss Haus Marck … oder ob Tecklenburg nicht vielleicht doch einfach einen zweiten Besuch wert ist.

TIPP
Anschließend ein Stück Kuchen und einen Kaffee im Café Rabbel am Marktplatz genießen.

- Start des Rundgangs z.B. beim Haus des Gastes, Markt 7, 49545 Tecklenburg www.tecklenburg-touristik.de
- ÖPNV: Ab Ibbenbüren Bhf. oder Lengerich Bhf. RegioBus R45, Haltestelle Tecklenburg Stadt

Geburtsort der Droste

48

Burg Hülshoff

Hier, zwischen Havixbeck und dem münsterschen Vorort Roxel, erblickte die berühmte westfälische Dichterin Annette von Droste-Hülshoff im Jahr 1797 das Licht der Welt. Und wer ihrem Geburtsort einen Besuch abstattet, kann bei dessen Anblick keine Erklärung dafür finden, warum sich „die Droste" in ihren späten Jahren von hier zurückzog. Denn von solch einem Zuhause kann man eigentlich nur träumen: Die Burg Hülshoff ist eine typische münsterländische Wasserburg aus dem 16. Jahrhundert und verbindet die Hauptelemente der Renaissance mit Stilen des Barock im Rest der Anlage. Das Ergebnis dieser Verbindung könnte zauberhafter und romantischer kaum sein. Schon die Burg selbst würde reichen, um einen Besuch zur Pflicht zu machen: Von außen eine Augenweide, die sich in der ausladenden Gräfte widerspiegelt, von innen ein Museum zu Ehren der westfälischen Dichterin, in dem mehrere Wohnräume des Herrenhauses bei einer Führung besichtigt werden können. Zu sehen sind hier zum Beispiel Gemälde, die Vorfahren der Dichterin zeigen, kostbare Möbelstücke und die Bibliothek. Die Räumlichkeiten, die Aussicht durch die Fenster auf den Schlossgraben und den Park lassen das Lebensgefühl des Landadels der vergangenen Jahrhunderte neu aufleben. Doch das ist nicht alles. Denn auch der Park, der die Zweiinselanlage umgibt, sucht seinesgleichen. Weitläufige Grünflächen, geometrisch gestaltete Barockgärten, ein Freilichttheater aus Hecken und Bäumen, das Raum bot für Musikdarbietungen, Theater und Tanz sowie das kleine Teehaus, mitten im Wald gelegen, verzaubern die Besucher. Eine große Liegewiese mit angenehmen Sitz- oder besser gesagt Liegemöbeln, das Wildgehege und eine reizende Garteninsel laden zum Spaziergang, zur Erholung und Entspannung ein. Wenn im Frühjahr Tulpen und Narzissen, im Sommer die zahlreichen Rosen, Rhododendren und Azaleen blühen, dann wird man hier von einer Atmosphäre lebendiger Freude erfüllt, die einst schon die Droste zu Gedichten inspirierte.

TIPP

Jedes Jahr im Mai findet hier die Messe Gartenträume statt.

● Burg Hülshoff, Schonebeck 6, 48329 Havixbeck
www.burg-huelshoff.de

● ÖPNV: Ab Münster Hbf. RegioBus R64, Haltestelle Haus Hülshoff

Musical-Mekka Münsterland

49 Freilichtspiele Tecklenburg

Das Örtchen Tecklenburg, der sogenannte „Balkon des Münsterlandes", ist mit seinen zahlreichen Wanderwegen, dem Wasserschloss Haus Marck und der historischen und fachwerkreichen Altstadt allemal und zu jeder Jahreszeit einen Besuch wert. Im Sommer aber wird die kleine Stadt auf dem Kamm des Teutoburger Waldes mit ihren gerade mal knapp 10.000 Einwohnern zum Mekka aller Musicalfans, die dann teils aus den Niederlanden und dem Ruhrgebiet hierher pilgern, um die einzigartigen Inszenierungen auf der Freilichtbühne Tecklenburg zu erleben.

Das Ambiente könnte kaum eindrucksvoller sein: Innerhalb der Ruine der alten Burg Tecklenburg, die stets liebevoll ins Bühnenbild integriert wird, finden die Festspiele statt. Auf eine lange Tradition blickt man hier übrigens zurück: Schon seit 1924 gibt es die Bühne. Jedes Jahr stellen die Freilichtspiele Tecklenburg drei Inszenierungen auf die Beine – ein Musical für Kinder und zwei für Erwachsene, alle mit zahlreichen verschiedenen Aufführungsterminen.

TIPP

Ein Sitzkissen sollte man im Gepäck haben.

Mit mehr als 2300 überdachten Sitzplätzen ist die Freilichtbühne Tecklenburg nach eigenen Angaben das größte Freilichtmusiktheater Deutschlands, und so wundert es auch nicht, dass der Grad der Professionalisierung hoch oben anzusiedeln ist. Namhafte Musicaldarsteller geben sich bei den Inszenierungen – von Cats über Jesus Christ Superstar bis hin zu Die Schöne und das Biest – die Klinke in die Hand, begleitet von einem nicht minder professionellen Orchester. 2006 gab es in Tecklenburg die weltweit erste Aufführung des Musicals Les Misérables auf einer Freilichtbühne zu sehen. Mit diesem Musical gewannen die Freilichtspiele den Da-Capo-Award 2006, den die Bühne seither noch drei weitere Male bekam.

Immer noch nicht vollends überzeugt? Dann wählen Sie eine der nächsten Aufführungen aus, machen sich selbst ein Bild und lassen sich mitreißen von der furiosen Inszenierung, der einmaligen Atmosphäre und dem unvergleichlichen Charme dieser Freilichtbühne.

- Freilichtspiele Tecklenburg, Schloßstraße 7, 49545 Tecklenburg
- ÖPNV: Ab Ibbenbüren Bhf. oder Lengerich Bhf. RegioBus R45, Haltestelle Tecklenburg Stadt.Ab hier ca. zehn Minuten Fußweg

Die Schweiz im Münsterland

50

Biotopwildpark Anholter Schweiz

Im westlichsten Zipfel des Münsterlandes, zwischen dem Ruhrgebiet und den Niederlanden, befindet sich eines der kuriosesten Ausflugsziele der Region: die Anholter Schweiz mit dem weitläufigen Biotopwildpark. Kurios deshalb, weil dieser Landschaftspark mit seinen schroffen Felsen, einem kleinen Wasserfall, einer Insel inmitten eines großen Sees und den grünen Hügeln Ende des 19. Jahrhunderts komplett künstlich angelegt wurde. Der Park sollte den Fürsten zu Salm-Salm und seine Gemahlin an ihre Hochzeitsreise an den Vierwaldstätter See erinnern, der hier nachgebaut wurde. Fotoalben waren seinerzeit in der gräflichen Gesellschaft eben einfach nicht im Trend. Glücklicherweise! Denn so kommen die Besucher heute in den Genuss einer Parkidylle, die ihresgleichen sucht, und können für einen Moment tatsächlich dem Eindruck erliegen, inmitten einer alpinen Landschaft zu stehen. Neben der Parkanlage warten inzwischen aber noch weitere Attraktionen auf die Gäste der Anholter Schweiz, denn seit vielen Jahren gibt es hier auch einen Wildpark mit rund 45 Tierarten. Rothirsche, Rentiere, Bären, Luchse, Wölfe und viele mehr haben hier ein Zuhause gefunden. Entdecken kann man sie über ein weit verzweigtes Wegenetz, das durch den Park führt und immer wieder mit Überraschungen aufwartet. Dabei begegnen dem Besucher auch schon mal ganze Herden Damwild, Esel und weitere frei lebende Arten, die die Spaziergänger ebenso neugierig begutachten wie andersrum.

TIPP

Jedes Jahr zu Halloween veranstaltet der Park ein großes Gruselspektakel.

Wenn die Runde durch den Park beendet ist, für die man reichlich Zeit einplanen sollte, lockt das Schweizer Häuschen zu Rast und Ruh'. Das kleine Chalet mit seinem dunklen Holz und den schmucken Außenterrassen mit den wuchtigen Eichentischen liegt mitten in der Nachbildung des Vierwaldstätter Sees auf einer kleinen Insel und bietet unter anderem Torten aus eigener Herstellung – und natürlich einen einmaligen Blick auf die idyllische Schweiz im Münsterland …

- Biotopwildpark Anholter Schweiz, Pferdehorster Straße 1, 46419 Isselburg www.anholter-schweiz.de
- ÖPNV: Ab Bocholt Bhf. Bus 61, Haltestelle Vehlingen Venderbosch. Ab hier ca. 20 Minuten Fußweg

Streifzüge durch die Natur

51 Talaue Haus Marck in Tecklenburg

Am Fuß der Stadt Tecklenburg liegt das Naturschutzgebiet „Talaue Haus Marck". Inmitten dieser grünen Oase findet der Besucher mit dem namensgebenden Wasserschloss Haus Marck nicht nur einen sehenswerten Herrensitz, sondern auch den perfekten Ausgangspunkt für eine ausgiebige Erkundungstour durch das Naturschutzgebiet.
Ein Glücksort ist das Wasserschloss Haus Marck im wahrsten Wortsinne, denn seit vielen Jahren geben sich hier im Trauzimmer des Adelssitzes aus dem 14. Jahrhundert Paare das Ja-Wort. Aber auch wer nicht gleich zum Heiraten hierher kommt, kann rund um Haus Marck das kleine Glück finden – bei Streifzügen durch die abwechslungsreiche Landschaft und die Natur am Fuße des Teutoburger Waldes. Wer sich hinter Haus Marck rechts hält, findet beispielsweise den Wechter Mühlenbach, der hier besonders schön ist. Wer den Waldwegen entlang des Bachs folgt, erreicht nach einigen Hundert Metern eine kleine Kuppe im Wald, auf der sich das beeindruckende und zugleich sagenumwobene Mausoleum von Haus Marck befindet. Wenige Schritte weiter gelangt der Besucher zum Sitz der Arbeitsgemeinschaft Naturschutz Tecklenburger Land, die hier eine alte Sägemühle betreibt ebenso wie einen Hofladen, in dem es Streuobstwiesenapfelsaft und Produkte aus der eigenen Bentheimer Landschafherde zu kaufen gibt. Doch auch wer stattdessen hinter Haus Marck den Weg nach links einschlägt, bekommt etwas geboten: Denn hier liegen die drei idyllischen Königsteiche und laden ein, die Seele baumeln zu lassen.
Weitere Streifzüge durch die Talaue Haus Marck ermöglichen die alten Wirtschaftswege, die teilweise schon seit der Zeit des Westfälischen Friedens als Transport- und Handelswege genutzt werden. Nach und nach haben sie sich tiefer ins Gelände eingeschnitten. Diese sogenannten Hohlwege findet man nördlich des Wasserschlosses. Von der Talaue in nordwestlicher Richtung dagegen führt der Wallenweg nach Brochterbeck. Diese Etappe von etwa fünf Kilometern lässt sich leicht bewältigen.

TIPP

Am Tecklenburger Bahnhof wartet das Restaurant Fabula mit ausgefallener Karte.

- Haus Marck, Haus Marck 1, 49545 Tecklenburg
- ÖPNV: Ab Ibbenbüren Busbahnhof RegioBus R45, Haltestelle Tecklenburg Bhf. Ab hier ca. zehn Minuten Fußweg

Professors Vermächtnis

52

Aasee Münster

Die einen finden ihr Glück in Bewegung und Aktivität, die anderen in Ruhe und Entspannung. Gemeinsam gilt jedoch für beide Gruppen: Am Aasee in Münster sind sie goldrichtig. Denn der rund zwei Kilometer lange und 40 Hektar große See bietet so viele Möglichkeiten jeglicher Art, dass man hier problemlos einen ganzen Tag verbringen kann. Zum Beispiel mit einem guten Buch auf einer der zahlreichen Grünflächen mit Blick auf die Segel- und Tretboote auf dem Wasser. Oder gleich in einem der Boote, die hier auch verliehen werden. Oder auf dem Wassertaxi, das den See durchfährt und seine Fahrgäste vom Anleger in Altstadtnähe zu den „Vier vom Aasee" bringt. Das sind namentlich der Allwetterzoo, das LWL-Museum für Naturkunde mit dem Planetarium, das Pferdemuseum Hippomaxx und das Freilichtmuseum Mühlenhof – allesamt einen Besuch wert. Oder darf es etwas aktiver sein? Dann empfiehlt sich eine Umrundung des Aasees zu Fuß. Wer sich hierzu aufmacht, hat eine ansehnliche Wanderung von rund acht Kilometern vor sich, kann aber auf etwa halber Strecke über die Torminbrücke abkürzen. Zu entdecken gibt es unterwegs ebenfalls eine Menge: Ob es der alte Speicher von Haus Kump ist, eine Vielzahl gastronomischer Angebote praktisch direkt am See, zeitgenössische Kunst wie zum Beispiel die Giant Pool Balls von Claes Oldenburg, der Wewerka Pavillon oder der Weg der Jahresbäume – lohnenswerte Abstecher allemal.

TIPP

Mit dem Schiff SOLAARIS kann man von der Innenstadt über den See bis zum Allwetterzoo fahren.

Zu verdanken haben die Münsteraner diesen Glücksort dem findigen und etwas eigensinnigen Professor Landois, der auch für die Errichtung des Zoos verantwortlich zeichnete. Er hatte die Anlage eines künstlichen Gewässers zur Naherholung nach dem Vorbild der Hamburger Außenalster angeregt. Erlebt hat er das Entstehen des Aasees allerdings nicht mehr, erst mehrere Jahre nach seinem Tod wurde 1926 mit der Umsetzung seiner Pläne begonnen. Die Münsteraner und ihre Gäste profitieren aber auch mehr als ein Jahrhundert später noch von seiner Idee und nutzen ihren markanten Glücksort, um den sie so manch andere Stadt beneidet.

● ÖPNV: Ab Münster Hbf. StadtBus 14, Haltestelle Goldene Brücke/Aasee

Schränkchen
Hakvoort
1

Rund um das Hockende Weib

53 Dörenther Klippen

Nähert man sich aus dem Münsterland kommend den Dörenther Klippen, sieht man zunächst nicht viel außer dem grünen Höhenzug des Teutoburger Waldes. Erst wenn sich die Entfernung verringert, geben sich einzelne Felsen zu erkennen, dann entdeckt man immer mehr davon. Doch der wahre Zauber der vier Kilometer langen Dörenther Klippen zeigt sich erst, wenn man ganz nahe ist und sich zu Fuß auf den Weg macht, sie zu erkunden. Der beliebteste Einstiegsort dafür ist der Wanderparkplatz an der Münster Straße, unweit der Sommerrodelbahn. Hier beginnt – für eine ambitioniertere Rundtour – auch der 9,3 Kilometer lange Rundwanderweg „Dörenther Klippen", der sich ganz offiziell sogar Premiumwanderweg nennen darf. Ihm kann man in jedem Fall getrost folgen, denn er führt schon bald zur „Hauptattraktion" der Dörenther Klippen. Doch vorerst geht es durch eine Landschaft, die problemlos eine würdige Kulisse zum Beispiel für die Hobbit-Trilogie abgegeben hätte. Bizarr geformte Felsen türmen sich vor dem Besucher auf, korkenzieherartig gedrehte und zerzauste Eichen, Birken und Kiefern, manchmal auch Buchen, umklammern das Gestein. Und je höher der Weg führt, desto öfter gibt er Weitblicke in die Münsterländer Parklandschaft frei und verführt dazu, die gut ausgeschilderten Pfade zu verlassen und sich selbst einen Weg zu bahnen über die Felsen und entlang den Klippen. Mit jedem Schritt wird hier das fast kindliche Kletterglücksgefühl stärker, und schließlich türmt sich die beeindruckendste Felsformation vor den Augen auf: das sagenumwobene Hockende Weib. Mit ein bisschen Fantasie lässt sich tatsächlich gut erkennen, warum die Felsen diesen Namen tragen. Direkt daneben wartet die Almhütte schon auf hungrige und durstige Besucher und lädt ein, im Biergarten oder auf der erst vor wenigen Jahren errichteten Aussichtsplattform die Felsenlandschaft und die Ausblicke nach Süden über das Münsterland und weiter östlich nach Norden ins Tecklenburger Land auf sich wirken zu lassen.

- Erkundung z.B. ab dem Wanderparkplatz an der Münsterstraße www.teutoschleifen.de
- ÖPNV: Ab Ibbenbüren Hbf. SchnellBus S50, Haltestelle Dörenther Berg

Wunderbares Wasserschloss

54

Schloss Raesfeld

Der frühe Adel im Münsterland hatte Geschmack und ein Händchen bei der Wahl besonders schöner Orte für ein Heim. Und auch beim Bau und der Ausgestaltung ihrer Wohnsitze leisteten die hohen Herren ganze Arbeit. Eines der imposantesten Beispiele dafür steht im westlichen Münsterland an der Grenze zum Ruhrgebiet: Schloss Raesfeld gilt zu Recht als eines der schönsten Wasserschlösser Westfalens. Dass nur noch einer der Flügel des ursprünglichen Schlosses, das auf das 12. Jahrhundert zurückgeht, vorhanden ist und die ursprüngliche Anlage viel größere Dimensionen hatte, ist schwer zu glauben, wenn man vor den hohen Mauern steht. Dass sich die Herren von Raesfeld hier aber ganz behaglich gefühlt haben, kann man sich dagegen recht lebhaft vorstellen.

TIPP

Neben dem Schloss liegt das Naturparkhaus, das zu Flora und Fauna des Tiergartens informiert.

Heute können sich die Besucher rundum wohlfühlen, denn das Schloss Raesfeld und die nähere Umgebung bieten die besten Voraussetzungen dafür. Kleine Restaurants und Bistros mit Blick auf das beeindruckende Bauwerk und den mehr als 50 Meter hohen Schlossturm nehmen die Gäste schon bei ihrer Ankunft am Schloss in Empfang. Im Schloss-Café oder direkt auf der Schlossterrasse dürfen sich die Besucher selbst einmal fast wie Schlossherren fühlen. Schwäne, Enten, Wasserhühnchen und Gänse schwimmen mal schnatternd, mal stumm durch das mit Teichrosen bewachsene Gewässer zu Füßen der Schlossterrasse.
Eine ebenso idyllische Atmosphäre bietet der Tiergarten am Schloss Raesfeld. Die Grundstrukturen aus der Zeit der Renaissance sind heute noch erkennbar. Bei einem Spaziergang fällt die Wildwüchsigkeit und Naturnähe der Anlage auf. Anders als früher werden hier aber keine exotischen Tierarten mehr gehalten, sondern Rot- und Damwild sind nach den Maßstäben moderner Wildtierhaltung angesiedelt. Vier Wege führen durch den Tiergarten, deren Länge von einem bis rund fünf Kilometer variiert, und umrunden malerische Seen und Waldgebiete. Kaum ein anderer Schlosspark im Münsterland bietet ein schöneres und ursprünglicheres Naturerlebnis.

- Schloss Raesfeld, Freiheit 27, 46348 Raesfeld
- ÖPNV: Ab Borken Bhf. RegioBus R21,295, Haltestelle Raesfeld Kirche. Ab hier ca. 15 Minuten Fußweg

Wellness für die Füße

55 Barfußpark Lienen

Die schicksten Schuhe, die gesündesten Treter vom Orthopäden oder die luftigsten Flipflops – keiner davon schlägt das Gefühl, barfuß unterwegs zu sein, das immer auch ein bisschen an Kindertage erinnert. Und wer seine Füße befreit, wird verwundert feststellen, was für ein ausgeprägter Tastsinn am unteren Ende unseres Körpers angebracht ist! Das haben wir längst vergessen, denn das Einzige, was wir dort tagein, tagaus spüren, sind doch oft nur verschwitzte Socken – und die bieten wahrlich kein Glücksgefühl. Ganz anders das Erlebnis im Barfußpark in Lienen, der im Jahr 2002 direkt am Dorfteich von Ehrenamtlichen und Lienener Betrieben eingerichtet wurde. Hier können die Füße einmal zeigen, was sie können!

TIPP
Wechselkleidung für die Kleinen nicht vergessen.

Denn auf der rund einen Kilometer langen Strecke, die natürlich barfuß absolviert wird, treffen sie auf viele unterschiedliche Untergründe. Die Schuhe warten unterdessen sicher verschlossen in einem der Schuhschränke zu Beginn des Parcours. Start und Ziel ist das große Wassertretbecken, und es sei empfohlen, bevor es losgeht, ein paar Runden Wasser zu treten und damit die Füße auf die bevorstehenden Sinneseindrücke vorzubereiten und zu sensibilisieren.

Dann endlich kann die kleine Barfußreise beginnen! Gleich zu Anfang geht es durch einen Bach, es folgen Abschnitte über Kalkstein, Mulch, Sand, Rasen- oder Holzpflaster, Pfähle und Kiesel – ein wahres Festival für den neu entdeckten Tastsinn! Das Highlight für Kinder bildet das Finale: ein großer Wasser- und Sandspielplatz mit Spiralpumpe und anderen Spielgeräten sorgt für Begeisterung und Spielspaß bei den Kleinen. Die Barfußsaison in Lienen beginnt am 1. Mai und endet am 31. Oktober. Während dieser Zeit ist der Park jeden Tag von Sonnenaufgang bis Sonnenuntergang geöffnet. Der Park ist frei zugänglich, feste „Öffnungszeiten" gibt es nicht. In Vollmondnächten besteht die Möglichkeit, den Barfußpark bei einer geführten Fackelwanderung zu erkunden.

- Barfußpark Lienen, Diekesdamm 1, 49536 Lienen
www.barfusspark-lienen.de
- ÖPNV: Ab Lengerich Bhf. RegioBus R46, Haltestelle Lienen Kath. Kirche

Kunst und Geschichte erleben

56 Kloster Gravenhorst

Nicht zu allen Zeiten ist das Kloster Gravenhorst in Hörstel ein so friedvoller Glücksort gewesen. Die Zisterziensernonnen, die hier im 14. Jahrhundert lebten und regelmäßig Raub, Erpressung und Brandstiftung erlitten, dürften es jedenfalls anders empfunden haben. Doch diese Zeiten sind längst vorbei, und auch Nonnen leben hier inzwischen nicht mehr. Seit 2002 ist hier vor allem Kunst zu Hause, denn seither dient das ehemalige Kloster als Kunsthaus des Kreises Steinfurt. Wenn Sie Kunst mögen, sind Sie hier also richtig. Doch wenn Sie keine Kunst mögen, ebenso. Warum? Hier wird Kunst erlebbar gemacht. Und das macht oft auch Menschen Spaß, die bisher keinen Zugang zur Kunst gefunden haben. Vermutlich das deutlichste Beispiel für solche Kunst findet sich im weitläufigen Garten des Klosters in Form des Labyrinths „Waiting for the Barbarians", gestaltet von dem südafrikanischen Künstler Kendell Geers. Es ist auch als eine Metapher gedacht: für die vergeblichen Versuche der Gravenhorster Nonnen, sich vor plündernden und wütenden Soldaten zu schützen – Schutzbemühungen, die zum Bau des Klosterhofs in der nahe gelegenen Stadt Bevergern und des dorthin weisenden „Nonnenpättken" als Fluchtweg führten. Der Weg ist übrigens bis heute erhalten und als Wanderweg ausgeschildert. Die parkähnliche Anlage des Klosters mit ihren Gräften, Streuobstwiesen und historischen Brücken, am Rande eines großen Klosterforstes bietet ohnehin reichlich Gelegenheit zum Flanieren, Spazieren oder auch für ausgedehntere Wandertouren.

TIPP

Regelmäßig gibt es auch szenische und historische Führungen durch das Kloster.

In den Ausstellungsräumen innerhalb der Klostermauern trifft unterdessen aktuelle Kunst auf alte Mauern. Und auch hier wird auf Interaktivität gesetzt: KünstlerInnen aus der Region wie aus aller Welt begegnen Kunstlaien, um gemeinsam Kunst zu erschaffen. Ausstellungen und Workshops laden Kinder wie Erwachsene zum Mitdenken, Mitmachen und Miterleben ein. Für die richtige Stärkung während eines Besuchs sorgt übrigens das Klostercafé mit seiner sonnigen Außenterrasse.

● Kloster Gravenhorst, Klosterstraße 10, 48477 Hörstel
www.da-kunsthaus.de
● ÖPNV: Ab Ibbenbüren Bhf. RegioBus R63, Haltestelle Kloster Gravenhorst

Stauden machen staunen

57 Garten Picker in Weseke

Wer zum ersten Mal durch das kleine Ladenlokal und die unscheinbare Tür geht, kann keinerlei Anzeichen dafür entdecken, dass er in wenigen Momenten in einem der schönsten Staudengärten des Münsterlandes stehen wird. Dann öffnet sich die Tür, und eine kleine Reise durch eine andere Welt beginnt. Der Garten Picker in Borken Weseke verzaubert auf eine unnachahmliche Art und besticht durch eine Gestaltungskunst, die sprachlos macht. Das Ehepaar Picker, das vor Ort auch den gleichnamigen Gartenbetrieb leitet, hat hier im Jahr 2002 den Grundstein für ein kleines Gartenparadies im westlichsten Zipfel des Münsterlandes gelegt. An einem leise vor sich hin plätschernden Bächlein in Weseke gelegen, lädt der Garten dazu ein, auf seinen rund 3000 Quadratmetern nicht nur die fast 1500 verschiedenen Pflanzen und Sorten zu entdecken, sondern bietet zugleich eine Idylle und einen Rückzugsort vom oft hektischen Alltag. Hier findet man einen Bauern- und Kräutergarten, kleine Teiche und Wasserspiele, Trockenmauern und Steingärten sowie überall duftende Rosen und prächtige, von Buchsbaum umsäumte Staudenbeete. Jahreszeitlich wechselnde Dekoration, üppige Blumensträuße und hübsche Accessoires sorgen dafür, dass es über die Blütenpracht hinaus noch vieles mehr zu entdecken gibt. Bei diesen überwältigenden Eindrücken muss man sich schon mal setzen – glücklicherweise haben die Gartenplaner auch daran gedacht. An allen Ecken finden sich die unterschiedlichsten Sitzgelegenheiten, mal abgeschieden, mal exponiert, allesamt aber hervorragend eingebettet in das Gartenensemble. Dazu gibt es Kaffee und Kuchen und sogar anregende Fachliteratur aus der Gartenscheune. Eine Terrasse am Teich oder der Brunnen unter einem Platanendach erfrischen an heißen Sommertagen. In den Spätsommermonaten von August bis Mitte Oktober lohnt auch ein Besuch am Abend, denn dann ergänzen Lichtilluminationen den parkähnlichen Garten und machen ihn immer donnerstags zu einem besonders sehenswerten Spektakel.

TIPP

Zeit mitbringen und auf jeden Fall ein Stückchen Kuchen im Garten genießen!

- Garten Picker, Eschwiese 2, 46325 Borken
www.garten-picker.de, Öffnungszeiten: Mai bis Oktober
- ÖPNV: Ab Borken Bhf. RegioBus R76, Haltestelle Weseke, Ev. Kirche. Ab hier ca. 15 Minuten Fußweg

Garten
Picker

Pilgern auf Jakobs Pfaden

58 Auf dem Jakobsweg durch das Münsterland

Pilgern ist nicht nur ein Trend, Pilgern ist der Gegenentwurf zum digitalen Zeitalter. Es steht für Entschleunigung, Rückbesinnung auf das Wesentliche, einen Rückzug in die Natur, das Urtümliche. Wie kein zweiter Weg steht der Jakobsweg für das Pilgern. Doch muss es nicht gleich der viel beschriebene und über weite Strecken karge und entbehrungsreiche Streckenabschnitt des Camino Francés sein, wie ihn Hape Kerkeling wählte. Wer zunächst einmal „testweise“ pilgern möchte oder lieber Wandern mit Pilgern verbindet, also das Angenehme mit dem Spirituellen, der muss nicht weit reisen, um fündig zu werden. Ein weit gespanntes und verzweigtes Netzwerk an Jakobswegen liegt über ganz Europa, und selbstverständlich verläuft ein Teilabschnitt auch durch das Münsterland. Er ist Teil der Strecke von Osnabrück nach Wuppertal. Auf historischen Pfaden können sich Wanderer hier auf die Spuren der Jakobspilger begeben. Im Anschluss an den von Bremen kommenden Weg der Jakobspilger, der von der Deutschen St. Jakobus-Gesellschaft ausgearbeitet wurde, beginnt am Dom in Osnabrück die westfälische Fortsetzung und führt zunächst in drei Etappen bis nach Münster. Von Münster aus geht es weiter durch die Münsterländer Bucht über Rinkerode und Herbern nach Werne. In sechs Etappen gliedert sich der Weg durch das Münsterland und schlägt mit insgesamt rund 120 Kilometern zu Buche. Die perfekte Streckenlänge und Etappenanzahl also für eine Wanderwoche. Und das Beste: Mit nennenswerten Entbehrungen muss sich der Pilger hier nicht herumschlagen, sondern kann sich ganz auf den Weg, die Natur und die zahlreichen Sehenswürdigkeiten und freilich Gotteshäuser am Wegrand einlassen. Am Abend warten dann statt einer kargen Herberge auch stets eine angenehme Unterkunft und eine anständige westfälische Mahlzeit auf ihn. Wer nach dieser Pilgertour durch das Münsterland auf den Geschmack gekommen ist, der kann sich immer noch auf die Spuren Kerkelings begeben – oder gleich bis Santiago de Compostela weiterlaufen.

- Startpunkt: Domplatz, 49074 Osnabrück
  www.jakobswege-europa.de
- ÖPNV: Ab Münster Hbf. RB66 bis Osnabrück Hbf. Ab hier Bus 584, Haltestelle Theater am Domhof

Pilgerweg

Prunkbau mit Geschichte

59 Fürstbischöfliches Schloss in Münster

Neben den vielen weiteren Highlights der Stadt am Aasee ist das fürstbischöfliche Schloss in Münster ein absolutes Muss für alle Besucher der Westfalenmetropole. Und es zeigt zugleich, wie außerordentlich das gesamte Stadtbild durch kirchliche Bautätigkeiten in den vergangenen Jahrhunderten geprägt wurde. Denn es handelt sich hier, wie der Name schon vermuten lässt, nicht etwa um einen besonders prächtigen Rittersitz, sondern um die damalige Residenz des Fürstbischofs von Münster, erbaut in den Jahren von 1767 bis 1787. Wer in münsterländischer Architektur ein wenig bewandert ist, wird kaum verwundert sein, dass auch für diesen Prunkbau der Architekt Johann Conrad Schlaun verantwortlich zeichnete und er hier vorrangig – wie sollte es anders sein – Baumberger Sandstein verwendete.
Obwohl es also auf erst gut zwei Jahrhunderte zurückblickt, hat das Schloss bereits eine wechselvolle Geschichte hinter sich, die es lohnt, vor einem Besuch ein wenig zu studieren. Erst mit dem Wissen um all das, was sich hier und auf dem Schlossplatz im Laufe der Zeit abspielte, entfaltet das Gebäude seine ganze Wirkung, atmet der Besucher wissentlich Geschichte ein. Doch auch ohne geschichtlichen Background beeindruckt das Schloss mit seinem barocken Baustil und ist nicht selten Kulisse für die großen Veranstaltungen in Münster wie Open-Air-Kino, Reitturniere, die Gourmetmeile „Münster verwöhnt“ oder dreimal im Jahr auch die Münsteraner Großkirmes, den Send. Und selbstverständlich diente das Schloss bereits als Bühnenbild für den Münsteraner Tatort mit Axel Prahl und Jan-Josef Liefers.
Auch zu hören gibt es hier etwas: Dreimal täglich erklingt von den 18 Glocken auf dem Dach des Schlosses ein Glockenspiel. Insgesamt sind zehn verschiedene Lieder einprogrammiert, die nacheinander abgespielt werden. Und in direkter Nachbarschaft lädt der Botanische Garten, der zu Münsters Universität gehört, die heute das Schloss als Verwaltungsgebäude nutzt, zu einem Besuch.

- Fürstbischöfliches Schloss Münster, Schlossgarten 3, 48149 Münster
www.muenster.de
- ÖPNV: Ab Münster Hbf. RegioBus R51, Haltestelle Fürstbischöfliches Schloss

Blumen- und Tauchparadies

60 NaturaGart in Ibbenbüren

Der NaturaGart-Park in Ibbenbüren-Dörenthe ist in Deutschland einmalig. Ursprünglich als Testgelände für Gartenteiche und Teichtechnik angelegt, hat sich der stetig wachsende und inzwischen weitläufige Park zu einem beliebten Freizeitmagneten in der Region entwickelt, der Gäste von weither anzieht. Kein Wunder! Denn neben einer überbordenden Blumenvielfalt finden sich hier mit einem Kaltwasseraquarium, einer Tauchbasis und einer Wasserwildnis gleich zahlreiche weitere Highlights, die einen Besuch zu einem echten Naturerlebnis machen. Die Besucher wandern über Teichstege und Brücken, entdecken eine reiche Pflanzenwelt und können Ideen für die Gestaltung ihres eigenen Gartens mitnehmen. An jeder Ecke warten neue, kleine Überraschungen und immer wieder zündende Ideen für den eigenen Garten daheim.

TIPP

Der Kuchen im Café Seerose wird komplett in der eigenen Bäckerei hergestellt – probieren!

Wasser und Pflanzen sind die beherrschenden Elemente im NaturaGart-Park. Blumen- und Naturliebhaber finden hier ein wahres Paradies. Im Frühling blühen Abertausende Tulpen und Narzissen. Später im Jahr sind Dutzende Seerosensorten zu bewundern. An jeder Ecke finden sich Bachläufe sowie große und kleine Wasserfälle. Zum Entspannen und natürlich auch zu kulinarischen Genüssen laden das Café Seerose mit Blick auf die idyllische Teichlandschaft sowie das Palmen-Bistro in der großen Palmenhalle ein.

Der NaturaGart-Park beherbergt außerdem das größte Kaltwasseraquarium Deutschlands. Große Fenster geben Einblick in die Unterwasserwelt der Gartenteiche und auf die imposanten, über zwei Meter langen Störe, die hier ihre Kreise ziehen. Zu den weiteren spektakulären Projekten gehört der NaturaGart-Tauchpark mit der Unterwasserwelt. Der Unterwasserpark ist weltweit der größte See, der für Taucher auf Teichfolie neu angelegt wurde. Hier lassen sich bei Tauchgängen ein versunkenes Schiff, „antike Tempel“ und vieles mehr entdecken. Die NaturaGart-Tauchschule bietet Schnuppertauchkurse und Tauchgänge an und bildet Taucher aus.

- NaturaGart, Riesenbecker Straße 63, 49479 Ibbenbüren
www.naturagart.com
- ÖPNV: Ab Ibbenbüren Bhf. RegioBus R63, Haltestelle NaturaGart

Einkaufserlebnis für alle Sinne

61 Wochenmarkt in Münster

Es duftet herrlich nach frischem Brot, wenige Schritte später steigt dem Besucher geräucherter Schinken in die Nase, an der nächsten Ecke ein neuer Duft – frische Reibekuchen brutzeln hörbar vor sich hin. Zur Linken hält die Obstverkäuferin ein Schwätzchen mit ihrem Kunden, und zur Rechten gibt ein Händler Auskunft über die eingelegten mediterranen Köstlichkeiten in seiner Auslage. Schlemmen, schlendern, genießen und entdecken – dazu lädt der einzigartige Wochenmarkt in Münster ein, der schon zweimal zum schönsten Markt Europas gewählt wurde. Mit rund 150 Ständen ist der Wochenmarkt auf dem Domplatz der größte in Münster. Ein umfangreiches Angebot zieht immer mittwochs und samstags Besucherströme in die Innenstadt zu einem ganz besonderen Einkaufserlebnis vor der schönen Kulisse des Münsteraner Doms.

Obst und Gemüse, Fisch und Meeresfrüchte, Gewürze, Öl und Antipasti, unzählige Käsesorten, Honig, Brot und Kuchen, Fleisch und Wurst, Wild und Geflügel und – vor allem im Spätsommer – ein wahres Blumenmeer erwarten die Besucher. Wer hierher kommt, der bringt Zeit für seinen Einkauf mit – Zeit, die sich auch die Verkäufer für ihre Kunden nehmen. Mit einem Supermarkteinkauf hat das alles nichts zu tun, sondern ist stattdessen geprägt von Ruhe und Gelassenheit, von einem Bewusstsein für Frische und für Genuss. Das vorwiegend regionale und von Lebensmitteln bestimmte Angebot wird ergänzt durch holländische Lakritze und Süßigkeiten, Korbwaren und Modeschmuck, dicke Socken und dünne Batikhemdchen. Für den kleinen Imbiss nach dem Einkauf bieten sich Backfisch, Bratwurst und Reibekuchen an – oder soll es nur ein Kaffee sein? An den Stehcafés vor dem Dom trifft man sich zum Mittagsplausch. Schon seit über 100 Jahren hat der Wochenmarkt in Münster seinen angestammten Platz vor dem Dom, viele der Händler sind seit Jahrzehnten dabei und haben ihre festen Stände. Wer auf den Geschmack des Markttrubels gekommen ist, findet vielleicht auch Gefallen an den etwas kleineren Märkten im Geist- und Mauritzviertel.

● Wochenmarkt Münster, Domplatz, 48149 Münster
www.wochenmarkt-muenster.de
● ÖPNV: Ab Münster Hbf. Stadtbus 1, 2, 12, 13, Haltestelle Domplatz

Kultur im Garten

62 Heckentheater Kattenvenne

In Lienen-Kattenvenne wartet ein besonderes Kleinod auf alle Garten- und Kulturbegeisterten: das Heckentheater Kattenvenne. Im Laufe vieler Jahre und mit sehr viel Liebe zum Detail ließen die beiden Enthusiasten Erhard Piech und Rolf Kötterheinrich hier auf 15.000 Quadratmetern ein kleines Gartenparadies rund um ihr münsterländisches Fachwerkhaus entstehen, das den Rahmen für die Kulturbühne bildet.
Im Mittelpunkt der Themengärten steht das Heckentheater – eine Bühne in freier Natur und unter freiem Himmel. Zahlreiche Eiben bilden die Hecken, welche die Kulisse und eine Arena für Zuschauer formen. Vier Charakterköpfe des Künstlers Stephan Dornhauser fassen das kleine Theater ein. Sie stellen einen Intellektuellen, einen Aufschneider, einen Kämpfer und einen Spitzzüngigen dar. Von außen markieren vier Lindenbäume das Heckentheater, das antiken und barocken Vorbildern nachempfunden ist. In dem lauschigen Freilufttheater finden regelmäßig Theater- und Kabarettaufführungen, Musikdarbietungen von Jazz bis Klassik und unterschiedliche Kinderkulturprojekte statt.
Der Weg zur Bühne führt den Besucher zuvor durch einen englisch anmutenden Teil des Gartens mit mächtigen Bäumen, blühenden Rhododendren und geschnittenen Rasenflächen. Die traumhafte Gartenlandschaft ist durch Hecken, kleine Plätze, Skulpturengruppen und Biotope gegliedert. Sehr sehenswert sind auch der Bauern-, Barock- und Landschaftsgarten sowie ein eindrucksvoll angelegter Arzneipflanzengarten.
Besonders idyllisch: der Wassergarten, in dem Teiche auf mehreren Ebenen arrangiert sind. Aus einem Fontänenbecken plätschert das Wasser über steinerne Stufen und Wege in einen tiefer liegenden Teich. Die Wasserspiele werden von Sumpfblumen, Gräsern und Farnen umrahmt. Einen passenden Platz zum Beobachten und Entspannen bieten zwei Gartenlauben aus Hainbuchen mit Bänken.
Spezielle Gruppenführungen, die auf Anfrage durchgeführt werden, bieten eine spannende Reise in die Kulturgeschichte der Gärten.

- Heckentheater Kattenvenne, Jagdweg 6, 49536 Lienen-Kattenvenne
www.heckentheater.de
- ÖPNV: Ab Münster Hbf. RB66 bis Kattenvenne. Ab hier Bus 140, Haltestelle Dawecke. Ab hier ca. 20 Minuten Fußweg

Bäuerliche Gastronomie

63 Der Habichtshof in Ostbevern

Wer von außerhalb kommt und dem Münsterland einen Besuch abstattet, der sollte keinesfalls versäumen, eines der zahlreichen Hofcafés anzusteuern und hier die sprichwörtliche westfälische Gastfreundschaft zu genießen. Selbstverständlich sind die vielen schmucken Landgasthöfe und Bauernhofcafés auch für die Münsterländer selbst ein beliebter Treffpunkt, und aufgrund ihrer Vielzahl gibt es auch für Einheimische immer wieder Neues zu entdecken. Der Habichtshof in Ostbevern ist ganz sicher nicht nur ein gutes Beispiel für diese Art der münsterländischen Gastronomie, sondern wegen seiner etwas versteckten Lage bestimmt noch nicht jedem ein Begriff. Denn der Weg hierher führt ein ganzes Stück durch recht einsame Abschnitte des Münsterlandes und drängt sich als Radtour geradezu auf. Doch die Anreise lohnt sich allemal. Denn mit dem Habichtshof, der schon nahe der niedersächsischen Grenze gelegen ist, präsentiert sich dem Besucher ein besonders schönes Kleinod bäuerlicher Gastronomie. Ob bei sommerlichen Temperaturen im großen Biergarten oder in der kälteren Jahreszeit in der rustikalen, fachwerkgeschmückten Diele – hier, im perfekten Landidyll, fühlt man sich im Nu pudelwohl. Dazu trägt natürlich auch ein frisch gebrühter Kaffee, ein heißer Tee, aus schönem Porzellan getrunken, und ein Stück hausgemachter Kuchen bei. Die täglich frischen Torten und Kuchen aus der eigenen Backstube sind längst über Ostbeverns Grenzen hinaus bekannt. Für Liebhaber von Omas Küche bietet das Hofcafé im wöchentlichen Wechsel unterschiedliche Eintöpfe an. Zusätzlich stehen auf der Speisekarte lecker-deftige Kleinigkeiten, und zur Spargelsaison können Besucher hier auch den hofeigenen Spargel genießen. Leckeres und Frisches für daheim bietet darüber hinaus der schmucke, kleine Hofladen direkt neben dem Café. Das Angebot reicht von eigenen Produkten wie z. B. Spargel, Erdbeeren und Kartoffeln über Hausmacherwurst bis hin zu Geschenkartikeln.

TIPP

Es muss nicht immer Kuchen sein – probieren Sie die Waffeln oder den Joghurt mit Blaubeeren!

- Café Habichtshof, Schirl 55, 48346 Ostbevern, Tel. (0 25 32) 79 21 www.habichtshof.de
- Für Freunde des ausgiebigen Frühstücks bietet das Hofcafé außerdem jeden Sonntag (nach Anmeldung) in der Zeit von 9 bis 12 Uhr ein üppiges Büffet an.

Auf den Spuren des Heiligen

64 Ludgerusweg Billerbeck

Pilgern erfreut sich nach wie vor ungebrochener Beliebtheit, Wandern ist weiter auf dem Weg zum Trendsport – wer die langen Pilgerstrecken scheut, der findet mit dem Ludgerusweg in den Baumbergen die perfekte Symbiose aus Wander- und Pilgerweg, denn hier verbinden sich Elemente von beiden zu einem ganz besonderen Erlebnis im Herzen des Münsterlandes. Pate für den Weg steht der heilige Liudger, der als Missionar und erster Bischof von Münster in der Region rund um die Westfalenmetropole allerorten sichtbare Spuren hinterlassen hat.
Der Ludgerusweg lädt ein, sich auf die Spuren des heiligen Liudgers zu begeben und zugleich auf Spuren des Glaubens. Denn der Ludgerusweg von Havixbeck nach Coesfeld führt an zahlreichen historischen Wegkreuzen, Statuen und Kirchen vorbei. Dazu gehören der imposante Billerbecker Dom, die Benediktinerabtei Gerleve ebenso wie das Stift Tilbeck. Auf den 30 Kilometern passiert der Wanderer aber auch weltliche Sehenswürdigkeiten wie das Sandsteinmuseum in Havixbeck, die Kolvenburg in Billerbeck, die malerische Altstadt von Nottuln und den Longinusturm – sie alle sind durch ausgeschilderte Zugangswege an den Hauptweg angeschlossen. Damit sich der Wanderer vorher nicht das gesamte Wissen der Baumberge anlesen muss, haben die Initiatoren des Weges für reichlich Informatives entlang der Strecke gesorgt: 42 Infotafeln am Hauptweg und den Zugangswegen zeigen nicht nur den richtigen Weg, sondern beschreiben selbstverständlich auch die Sehenswürdigkeiten, die dem Wanderer entlang der Strecke begegnen.
Herrliche Naturlandschaften und weite Blicke über das Münsterland machen den Ludgerusweg besonders reizvoll. Die sanften Hügel mit ihren Baumbeständen, saftigen Wiesen und Weiden und zahlreichen kleinen Wasserläufen sind typisch für diesen Teil des Münsterlandes. Und tatsächlich soll der heilige Mann diese Strecke höchstselbst gegangen sein. Warum und was mit ihm passierte, erfährt, wer nun die Wanderschuhe schnürt!

- www.ludgerusweg.de
- ÖPNV: Ab Münster Hbf. RB63 bis Billerbeck. Ab hier ca. zehn Minuten Fußweg bis zum Dom

Geschichte atmen

65

Wasserburg Anholt

Wenn man auf dem breiten, hellen Weg auf die Wasserburg Anholt zugeht, den Blick von den akkurat geschnittenen, grünen Halbkugeln zur Rechten zur Gräfte und der Garteninsel zur Linken schweifen lässt, bleibt der Blick unwillkürlich an dem großen Tor und der imposanten Zugbrücke hängen. Eigentlich erwartet der Besucher nun jeden Moment einen königlichen Herold, der im Galopp durch das Tor geritten kommt, oder aber eine herrschaftliche Kutsche, gezogen von zwei kohlschwarzen Rappen – so eindrucksvoll türmt sich eine der schönsten Burganlagen Westfalens vor dem Besucher auf. Alles hier strahlt Erhabenheit aus und erweckt den Eindruck, man atme Geschichte. So viele Details heischen um die Aufmerksamkeit des Betrachters. Ob der mächtige Turm aus dem 12. Jahrhundert, der bis heute das Wahrzeichen der Burg Anholt ist, die pechschwarzen Kanonen zu seinen Füßen oder die Mühlenanlage, die der Burg vorgelagert ist – sie alle buhlen um Beachtung. Es hilft nichts. Um ihnen gerecht zu werden, sollte man auf dem Weg zur Burg stehenbleiben und sich langsam in alle Richtungen umsehen, denn schon hier gibt es einfach zu viel zu entdecken, um es nur im Vorbeigehen wahrzunehmen. Erst danach kann der Besuch fortgesetzt werden, bei dem es noch viel mehr zu sehen gibt. Denn neben einem der Anlage würdigen Vier-Sterne-Hotel mit Restaurant wartet auch ein Museum auf den Besucher, das immerhin 1500 Quadratmeter Ausstellungsfläche zu bieten hat. Die Kunst, die Vielfalt und der Prunk des 17. und 18. Jahrhunderts sind hier im Paradesaal, Marmorzimmer, Rittersaal und Grünen Saal festgehalten. Bibliothek, Waffen, Münzen, Hofküche, Speisesaal, Raritätenkabinett, Dicker Turm mit Rüstkammer und Verlies runden das Museum, das zu den ältesten und größten Museen in Nordrhein-Westfalen zählt, ab. Und anschließend locken auch noch die 34 Hektar großen Park- und Gartenanlagen, deren historische Ausmaße sich bis heute bewahrt haben, zu einer ausgedehnten Erkundungstour.

TIPP

Das Restaurant inmitten des Schlossteichs gelegen bietet einen wunderschönen Blick in den Park.

- Burg Anholt, Schloß 1, 46419 Isselburg, www.wasserburg-anholt.de www.schloss-anholt.de
- ÖPNV: Ab Münster Hbf. Sprinterbus S75, Haltestelle Bocholt Bustreff. Ab hier Bus 61, Haltestelle Schloss Anholt

Blumen- und Blütenzauber

66 Botanischer Garten Münster

Im Herzen Münsters, direkt hinter dem imposanten Schloss aus Baumberger Sandstein gelegen, befindet sich der bereits 1803 gegründete Botanische Garten der Westfälischen Wilhelms-Universität Münster. Hier lässt es sich wunderbar flanieren, und die Vielzahl an kleinen Wegen, die sich immer wieder kreuzen und ein dichtes Geflecht bilden, lassen den Besucher an allen Ecken Neues entdecken. Doch nicht nur für einen Spaziergang eignet sich der Botanische Garten, natürlich kommen hier auch wissbegierige Naturliebhaber und Pflanzenkundler auf ihre Kosten. Heide- und Moorlandschaften, Bauerngärten und das bereits Anfang des 19. Jahrhunderts angelegte Alpinum sowie der große Teich bestimmen das Bild der Außenanlagen. Schon hier lassen sich viele seltene Pflanzen entdecken und manche duftende Blüte beschnuppern. Im Tropenhaus unterdessen erwartet den Besucher dann ganz besonders exotischer Blumen- und Blütenzauber. Hier finden sich unter anderem Ananasgewächse aus Süd- und Mittelamerika, fleischfressende Pflanzen aus den Tropen sowie Gewächse aus Afrika und Asien. Weitere Exoten warten ebenfalls in den Gewächshäusern. Erst seit Kurzem gibt es im Botanischen Garten auch einen Barfußgang – hier kann man am eigenen Fuß die verschiedene Beschaffenheit der Böden fühlen: von Naturstein und Schotter bis zu Mulch, Torf und Sand. Direkt am Pfad gibt es auch die Möglichkeit, seine Füße mit Wasser wieder zu säubern.

Der Botanische Garten bietet zudem auch Führungen für ganz unterschiedliche Besuchergruppen an, vom Kindergarten über Betriebsausflügler bis hin zum Fachpublikum. Allgemeine Führungen geben Einblicke in alle Bereiche des Gartens und weisen auf Besonderheiten hin, die sonst oft im Verborgenen bleiben. Wer also nicht selbst vom Fach ist, aber ein wenig über die Arten und Pflanzen lernen möchte, sollte sich über die nächsten Führungstermine informieren – es lohnt sich! Wer im Anschluss eine Stärkung vertragen kann, wird im Schlossgarten Café fündig. Das edel-gemütliche Restaurant bietet feine deutsche und vegetarische Speisen.

- Botanischer Garten, Schlossgarten 3, 48149 Münster
  garten.uni-muenster.de
- ÖPNV: Ab Münster Hbf. Stadtbus 1, 9, Haltestelle Schlossplatz

Krone der Baumberge

67 Der Longinusturm in Nottuln

Dem Himmel ganz nah sein – im weitgehend flachen Münsterland ist das gar nicht mal so leicht zu bewerkstelligen. Und doch kann es glücken, macht man sich auf den Weg in die Baumberge. Denn hier findet sich mit 187 Metern über Normal Null mit dem Westerberg die höchste Erhebung des Münsterlandes. Und auf ihm reckt sich, schon von Weitem sichtbar, der 32 Meter hohe und über 120 Jahre alte Longinusturm aus Baumberger Sandstein in die Höhe. Um das Ausflugsglück perfekt zu machen, wartet in luftiger Höhe auf dem Longinusturm das Café 1897 auf die Besucher, zu Füßen des Turms hingegen erstreckt sich ein weitläufiges Wanderwegenetz. Direkt am Wanderparkplatz auf dem Westerberg informiert eine Schautafel über die insgesamt sieben gut ausgeschilderten Rundwanderwege des Baumberge-Vereins, die dazu einladen, die nähere Umgebung des Westerbergs auf Schusters Rappen zu erkunden. Nach einer ausgiebigen Wandertour wartet dann schon das Café 1897 mit einer Stärkung auf die Ausflügler. Zwar gäbe es auch die Möglichkeit, im Biergarten zu Füßen des Turms zu rasten, doch wer die Aussicht in voller Pracht genießen möchte, der muss noch einmal alle Kräfte mobilisieren, denn es gilt, die 129 Stufen bis hinauf in den Turm zu erklimmen. Doch es lohnt sich. Denn oben angekommen eröffnet sich auf dem Aussichtsrund ein Panoramablick über die Münsterländer Parklandschaft, der malerischer kaum sein könnte – weit bis ins Emsland, den Teutoburger Wald, das Ruhrgebiet und zu den niederländischen Nachbarn reicht der Blick bei guter Sicht. Den kulinarischen Abschluss findet dieser Ausflug dann im Café mit einem frisch gebrühten Kaffee, einem hausgemachten Kuchen oder einem anderen leckeren Snack von der Speisekarte, die unter anderem auch eine Auswahl an Flammkuchen beinhaltet.

In den Sommermonaten starten vom Longinusturm auch geführte Segwaytouren durch die Region rund um den Turm und vermitteln interessante Informationen über Sehenswürdigkeiten am höchsten Punkt des Münsterlandes.

TIPP

Für Whiskeyfreunde gibt es im Café eine große Sammlung erlesener Single Malt Whiskeys.

● Longinusturm, Baumberg 45, 48301 Nottuln
www.longinusturm.com

● ÖPNV: Ab Münster Hbf. RegioBus R63, Haltestelle Nottuln, Jäger. Ab hier Bus 680, Haltestelle Tünsmann. Ab hier ca. zehn Minuten Fußweg

Entspannung auf ganzer Linie

68 Saunapark Epe

Termine, dringende Pflichten und hektische Betriebsamkeit verstellen uns im Alltag allzu oft den Blick auf das Wesentliche und auf uns selbst. Wäre es da nicht das größte Glück, einen Tag auszubrechen, etwas nur für sich selbst zu tun, einfach die Seele baumeln zu lassen? Im nordwestlichen Münsterland, an der Grenze zu Niedersachsen und den Niederlanden findet sich im Gronauer Ortsteil Epe ein Ort, der genau das möglich macht: der Saunapark Epe. Hier erwartet die Besucher Wellness und Entspannung rundum. Allein sechs Saunen mit unterschiedlichen Temperaturen und Luftfeuchtigkeiten wollen ausprobiert werden – von der Kräutersauna über das belebende Dampfbad bis zur klassischen Finnensauna. Zum Cool-off gibt es anschließend Eskimofeeling am Crushed-Ice-Brunnen, bringt das Tauchbecken den Kreislauf wieder in Schwung, oder man lässt im Whirlpool mit Panoramablick auf den Garten das Saunaerlebnis langsam ausklingen. Der Saunagarten ist allein schon einen Besuch wert: Die weitläufige Gartenanlage mit prächtiger Vegetation und romantischem Seerosenteich bietet ein wunderbares Naturerlebnis – zu jeder Jahreszeit.

TIPP

Jeden 1. Montag im Monat von 13 bis 23 Uhr ist Frauensauna.

Die Ruhephasen zwischen den Saunagängen gehören zum Saunabaden genauso dazu wie der Aufguss oder die Abkühlung, und so erwartet die Gäste im Saunapark Epe selbstverständlich auch eine vielseitige Ruhezone mit sonnendurchfluteter Wintergartenlounge und uriger Gemütlichkeit am prasselnden Feuer in der Kaminlounge sowie der Kaminecke.

Saunieren macht freilich hungrig. Das Restaurant mit Blick in den Garten oder die Terrasse am Teichbiotop sorgen dafür, dass auch alle kulinarischen Bedürfnisse in entspannter Atmosphäre gestillt werden. Und ob nun Seifenschaumpeeling zur Entspannung oder Meeresalgen-packung zur Entschlackung – die zahlreichen Wellnessangebote sowie regelmäßige Veranstaltungen und Arrangements sorgen dafür, dass es immer wieder etwas Neues zu entdecken gibt und keine Wünsche unbefriedigt bleiben.

- Saunapark Epe, Klosterstraße 63, 48599 Gronau-Epe
  www.saunapark-epe.de
- ÖPNV: Ab Gronau Bhf. Bus 782, Haltestelle Klosterschänke. Ab hier ca. fünf Minuten Fußweg

Märchenschloss de luxe

69 Schloss Velen

Wild wachsendes Efeu rankt um die Schlossmauern, Sonnenstrahlen fallen durch die Wipfel alter Bäume und spiegeln sich im Schlossgraben wider, auf dem Enten schnattern und Schwäne ihre Runden ziehen. Über allem erhebt sich mächtig, prunkvoll und mit der ruhigen Erhabenheit von fast 800 Jahren das Schloss Velen. Kein Wunder, dass es schon sehr früh den Beinamen „Märchenschloss im Münsterland“ erhielt. Das Schloss blickt auf eine wechselvolle Eigentums- und Baugeschichte zurück, doch ist heute wieder im ursprünglichen Besitz der Familie von Velen und in seiner Gesamtheit ein Baukunstwerk sondergleichen. Dass wir heute noch davor stehen und staunen können, ist dabei keine Selbstverständlichkeit: 1931 kam es zu einem verheerenden Brand, nach dem das Schloss nach alten Plänen neu aufgebaut werden musste. Das ist mehr als gut gelungen und so nimmt den Besucher hier heute wieder ein echtes Märchenschloss in Empfang. Zu dem Ensemble gehören neben der dreiflügeligen Hauptanlage des Schlosses auch eine Orangerie, ein Forsthaus und eine Fasanerie. Bis Ende 2018 beherbergte das Hauptgebäude das weithin bekannte SportSchloss Velen. Heute ist hier ein Tagungshotel untergebracht.

Die zahlreichen Wege, Alleen und Pättkes rund um das Schloss und in dem 55 Hektar großen Tiergarten laden ein, die nähere Umgebung mit dem Rad oder bei ausgedehnten Spaziergängen zu erkunden. Der 1707 erstmals erwähnte Velener Tiergarten war wie der berühmte Berliner Tiergarten seinerzeit ein Jagdterrain für den Adel. Wege, Bachläufe und Fischteiche wurden 2006 nach historischem Vorbild wieder hergestellt. Über 100 Kaiserlinden schmücken die Hauptachse – die „Lange Kieke“. In den Hochzeiten des Adelssitzes gab es hier einen insgesamt 5 Hektar großen Barockgarten mit Wasserbecken und Skulpturen. Dieser Teil ist zwar nicht erhalten, aber dennoch spiegelt das Schloss Velen noch heute das prunkvolle Leben des Landadels in früheren Jahrhunderten lebhaft wider und nimmt den Besucher mit auf eine ganz erstaunliche Zeitreise.

- Schloss Velen, Schloßplatz 1, 46342 Velen
  www.velen.de
- ÖPNV: Ab Borken Bhf. RegioBus R51, Haltestelle Schloss Velen

Beim Herrn der Bücher

70 Antiquariat Solder in Münster

Wer das Antiquariat Solder in der Frauenstraße in Münster betritt, atmet augenblicklich Geschichte. Der unvergleichliche Duft teils jahrhundertealter Bücher liegt in der Luft und macht sofort Lust auf Schmökern und Stöbern. Gleichzeitig macht sich das Gefühl eines Déjà-vus breit – das alles hat man doch schon einmal irgendwo gesehen? Das könnte daran liegen, dass hier seit mehr als zwei Jahrzehnten der beliebte ZDF-Samstagabendkrimi „Wilsberg“ gedreht wird, in dem Schauspieler Leonard Lansink dreimal pro Jahr in die Rolle des ermittelnden Antiquars Georg Wilsberg schlüpft. Wenn hier gerade nicht gedreht wird, heißt der Antiquar hingegen Michael Solder. Er ist der Herr über Zigtausende Bücher, von denen nur ein Bruchteil in dem kleinen Ladengeschäft in Münsters Innenstadt zum Stöbern bereitsteht. „In ein Antiquariat geht man nicht, um etwas zu suchen, sondern um etwas zu finden“, sagt er. Das größte Glück in Antiquariaten sei die Überraschung, die in den prall gefüllten Bücherregalen auf die Besucher warte.

In Solders Geschäft warten solche Überraschungen zuhauf auf die Kunden – von der jahrhundertealten Weltchronik über Fachliteratur, insbesondere aus den Geisteswissenschaften und der Philosophie, bis hin zu spannenden Krimis und unterhaltsamen Schmökern bleiben hier keine Wünsche offen. Für einen Plausch mit seinen Kunden ist Solder immer zu haben und gibt bereitwillig Auskunft – sei es nun zu den Dreharbeiten, die sein Antiquariat zum wohl berühmtesten in Deutschland gemacht haben, oder zu der ihn umgebenden Literatur. Insbesondere bei Letzterer gilt: Kein Thema ist zu speziell, keine Epoche zu lange her, als dass der Herr der Bücher nicht doch noch einen Treffer in seinem großen Fundus dazu landen könnte.

„Wenn man in ein Buch eintaucht, richtig darin versinken kann, dann kann das echtes Glück sein“, meint Solder. Und wenn das stimmt, dann sollte es möglich sein, dass jeder Besucher bei ihm sein eigenes kleines Stückchen Glück findet.

- Antiquariat Solder, Frauenstraße 49, 48143 Münster
  www.antiquariat-solder.de
- ÖPNV: Ab Münster Hbf. StadtBus 5, Haltestelle Kuhviertel
  oder StadtBus 12, Haltestelle Domplatz

Sagengestalten und Natur

71 Emsdettener Venn

„Oh, schaurig ist's über's Moor zu gehen", schrieb die westfälische Dichterfürstin Annette von Droste-Hülshoff. Ob sie dabei an das Emsdettener Venn gedacht haben mag? Möglich wäre es, denn kaum ein Landstrich des Münsterlandes kennt so viele Sagen- und Schauergeschichten wie dieses Moorgebiet. Ob die wilden Vennteufel, das Ho-Ho-Männeken oder das gespenstische Vennmütterchen – sie alle sollen hier zu Hause sein und beizeiten ihr Unwesen treiben. Zu bieten hat das Hochmoor des Emsdettener Venns aber weit mehr als Spukgeschichten: Seltene Tier- und Pflanzenarten in diesem Naturschutzgebiet machen es zu einem der interessantesten letzten Hochmoore Norddeutschlands. Hier wachsen Sumpf-Johanniskraut und Sonnentau, weißes Wollgras schaukelt im Frühsommer wie ein Meer von Wattebäuschen über der Moorfläche. Ein Naturschauspiel, das jedes Jahr zahlreiche Besucher ins Venn lockt. Zu den schönsten Fleckchen des Moores führt ein „Lehr- und Erlebnispfad" – vorbei an den Rastplätzen der Kraniche und an den Brutplätzen von Uferschnepfe und Krickente. Entlang der Wege durch das Venn erläutern Infotafeln die naturkundlichen und kulturhistorischen Besonderheiten der Landschaft. Dazu gehören zum Beispiel die zahlreichen rechteckigen Wasserflecken, die sich hier allerorten dem Wanderer zeigen. Sie gehen zurück auf die frühere Torfgewinnung. 320 Hektar des Moores sind nach dem intensiven Abbau heute noch vorhanden, sie erfreuen sich inzwischen allerdings eines besonderen Schutzes. Zwei Aussichtstürme am Nord- und am Südrand des Moores ermöglichen zudem Weitblicke über das Venn und die Beobachtung der Vogelwelt – ein Fernglas ist daher durchaus ratsam.

Die wahrscheinlich spannendste Art, das Emsdettener Venn zu erkunden, sind die geführten Wanderungen durch das Moor. Zu den Angeboten gehört übrigens auch ein Sagenspaziergang, der tiefe Einblicke in die Welt der Wunderwesen dieser Landschaft bietet und bei einem Gang durch das Venn in der abendlichen Dämmerung für wohliges Gruseln sorgt.

- Anfahrt mit dem PKW über Neuenkirchener Straße (L583) bis zum Wanderpilz, Parkplatz Venn
- Anmeldungen für die Führungen (April bis Oktober) nimmt der Verkehrsverein unter Tel. (0 25 72) 9 30 70 entgegen, www.vvemsdetten.de

Urig, westfälisch, lecker!

72 Altbierküche Pinkus Müller in Münster

Wer den Gastraum der „Altbierküche" von Pinkus Müller in der Kreuzstraße im Herzen Münsters betritt, atmet gleichermaßen Geschichte und Westfalen pur. Die Altbierküche ist der Prototyp einer münsterländischen Gastwirtschaft, ein westfälischer Urtypus ersten Ranges sozusagen. Hier treffen sich in rustikalem, urigen Ambiente Stammtische und Kegelclubs, Touristen und Geschäftsleute gleichermaßen. Und sie alle genießen neben der heimeligen Atmosphäre die regionalen Spezialitäten der umfangreichen Speisekarte. Auf dieser finden sich Schmankerl wie die klassische Westfälische Kartoffelsuppe mit deftigen Mettenden, würziges Biertreberbrot oder „Pannekoken met Pillewörmer", ein Pfannkuchen mit Schinkenstreifen. Viele Bezeichnungen auf der Speisekarte sind wie die „Pillewörmer" urmünsterländisch, für „Ortsfremde" gibt es jedoch eine Übersetzungshilfe auf der Karte. Selbstverständlich fehlt auch das Münsterländer Töttchen, hier unter dem Titel Müllers Töttchen, nicht auf der Karte. Das ragoutähnliche Gericht galt früher als „Arme-Leute-Essen". Inzwischen ist es von findigen münsterländischen Köchen weiterentwickelt worden und längst eine besondere Delikatesse der Küche der Region.
Die Speisen haben alle eines gemein: Dazu passt garantiert eines der vielfältigen Hausbiere. Denn tatsächlich ist Pinkus Müller zugleich auch die letzte von ehemals über 150 Altbierbrauereien und die einzige Mälzerei in Münster. Dafür ist sie umso produktiver. Ob das das süffige Pinkus Special, das hoch-hopfige, besonders herbe Pinkus Extra oder das dunkle Pinkus Jubilate – diese und viele weitere Varianten des Gerstensafts wollen probiert sein. Der ganze Stolz der Brauerei ist aber ein anderes Bier: „Pinkus Alt ist ein aus Malz, Hopfen und obergäriger Hefe nach altbewährtem Brauverfahren hergestellter Labetrunk, welcher durch seine lange Lagerung seinen weinähnlichen Charakter erhält", lehrt die Karte den Besucher. Wohl bekomm's!

- Altbierküche Pinkus Müller, Kreuzstraße 4-10, 48143 Münster
www.pinkus.de
- ÖPNV: Bus 15, 16 ab Münster Hbf, Haltestelle Kreuzschanze

Pinkus Special

Genuss für Auge und Nase

73 Bärlauchblüte bei Lengerich

Ganz tief einatmen. Da liegt doch etwas in der Luft! Noch einmal einatmen, noch tiefer dieses Mal. Und tatsächlich: Mit jedem Schritt auf dem sich durch die Buchen schlängelnden, schmalen Weg entlang des Kalksteinbruchs in Lengerich wird der Geruch stärker. Als nähere sich der Wanderer einer gut besuchten Tapas Bar, in deren Küche gerade für viele hungrige Gäste die köstlichsten Leckereien mit reichlich Knoblauch zubereitet würden. Doch was hier in die Nase steigt, ist kein Knoblauchgeruch, sondern der Duft von frischem Bärlauch, und zwar reichlich davon.

Etwa auf halber Höhe des Steinbruchs knickt der Weg nach links ab, und nach wenigen Metern fällt das Auge auf die grün-weiße Pracht: So weit das Auge reicht – ein schier endloser Teppich aus Bärlauchpflanzen erstreckt sich am Hang des kleinen Berges am Wegrand. Einmal im Jahr, in der Zeit von April bis Mai, bietet sich unweit des Dyckerhoff Steinbruchs bei Lengerich ein Hochgenuss für Auge und Nase. Denn dann steht hier der Bärlauch in Hülle und Fülle in voller Blüte und verströmt einen herrlich würzigen Duft, der sofort Appetit macht und dazu noch überwältigend schön aussieht.

Der Weg, der hierher führt, ist übrigens kein ganz unbekannter. Denn tatsächlich finden wir diese Bärlauchfelder direkt am Hermannsweg, einem der bekanntesten Fernwanderwege Deutschlands. Auf diesem Streckenabschnitt zwischen Tecklenburg und Bad Iburg lädt er dazu ein, den Kamm des Teutoburger Waldes zu erkunden und Weitblicke ins Münsterland zu genießen. Alternativ bietet sich zur Erkundung der Bärlauchpracht auch der Dyckerhoff Rundwanderweg an.

Und das Beste ist: Für den Eigenbedarf ist es erlaubt, sich ein paar Blätter von dem so herrlich duftenden Wildgemüse in den Rucksack zu packen. Zu Hause verrührt mit frischem Quark, serviert auf einer Scheibe guten Landbrots, versetzt der Geschmack einen noch einmal zurück zu den Bärlauchfeldern. Ein Glücksgefühl, das sich sogar mit nach Hause nehmen lässt – das bekommt man nicht alle Tage geboten.

- Erkundungstour auf dem Dyckerhoff Rundwanderweg, 49525 Lengerich
- ÖPNV: Ab Lengerich Bhf. RegioBus R46, Haltestelle Dyckerhoff

Tiere hautnah erleben

74 NaturZoo Rheine

Man könnte sagen, im NaturZoo Rheine begibt sich der Besucher auf eine kleine Safaritour. Denn hier geht es vor allem darum, Tiere hautnah zu erleben, möglichst unmittelbar und in einem ganz und gar ungewöhnlichen Miteinander. Und das nicht nur im besonders bei Kindern beliebten Streichelzoo. Im ersten Affenwald Deutschlands streift der Besucher direkt durch das Gehege der hier lebenden Berberaffen. Die sitzen dann auch schon mal direkt auf dem Weg und schauen einen mindestens so neugierig an wie wir sie. In der Seevogelvoliere haben die Pinguine auf den Wegen immer das Vorrecht, und in der Feuchtbiotopvoliere fliegen Reiher und Ibisse über den Köpfen der Besucher. Sage und schreibe 100 Weißstörche leben hier gar völlig frei und vollführen Flugkunststücke am Himmel über dem Zoo. Immer dort, wo es nicht ganz so direkt möglich ist, begegnet der Besucher den Zoobewohnern aber auf Augenhöhe bzw. am wirklichen Ort des Geschehens, dort, wo es interessant wird. Die Seehunde kann man beim Tauchen unter Wasser beobachten und von einem Hochstand aus die Gibbons beim Hangeln in den Baumkronen. Rund 1000 Tiere und über 100 Arten sind hier im NaturZoo zu Hause. Das bunte Spektrum reicht von einer vielfältigen Vogelschar wie Flamingos oder der großen Webervogelkolonie bis hin zu Kamelen und Kängurus, Zebras und Antilopen. Neben den Berberaffen trifft man hier auch noch auf weitere Primaten, darunter seltene Blutbrustpaviane und Bartaffen sowie Kattas und Varis. Neben dem Tiererlebnis bietet der NaturZoo eine Vielzahl an Aktivitäten für Kinder. Der große Spielplatz wartet auf mit Kletter-, Schaukel- und Rutschmöglichkeiten für Kinder jeden Alters, ein Irrgarten will erkundet werden, und neben dem Affenwald können die Kleinen klettern und balancieren. Im gesamten Park gibt es darüber hinaus Lernspiele und Entdeckerstationen. Gegen Hinterlegung eines Pfands können Bollerwagen kostenlos ausgeliehen werden, und das ZooBistro wartet mit einer Stärkung auf.

- NaturZoo Rheine, Salinenstraße 150, 48432 Rheine
  www.naturzoo.de
- ÖPNV: Ab Rheine Bhf. Stadtbus C12, Haltestelle Saline

Höfischer Lustgarten

75 Der Bagno-Park in Steinfurt

Ein chinesisches Palais, ein Minarett, ein gotischer Kiosk, eine ägyptische Pyramide und eine künstlich errichtete Burgruine – und das alles inmitten eines bis zum letzten Blatt gepflegten Blumenmeeres. Mit diesen und vielen weiteren Attraktionen war der Bagno-Park im 18. Jahrhundert ein Freizeitpark par excellence für die höfische Gesellschaft. Von den Gebäuden stehen heute die meisten leider nicht mehr, doch vor allem die Burgruine und die imposante Konzertgalerie zeugen noch von der immensen Bedeutung der Parklandschaft und dem höfischen Treiben im Steinfurter Bagno. Trotz allem hat der Park seinen Zauber nicht eingebüßt und zieht auch heute noch Spaziergänger und Ausflügler aus allen Ecken des Münsterlandes an. Verschlungene Wege durch lichte Wälder, dicht bewachsene Ufer am Bagno-See oder die bewachsene Ruineninsel stehen im Kontrast zu den klaren Formen der Alleen und Plätze und bieten Abwechslung und Entschleunigung pur! Bei einem Rundgang durch den Park öffnen sich immer wieder reizvolle und unterschiedliche Perspektiven und sorgen für Verblüffung beim Flanieren. Der eindrucksvolle Bagno-Rundgang nimmt den Besucher an der Hand und zeigt ihm die interessantesten Orte, Zeugen der Vergangenheit, Skulpturen und Denkmäler. Zahlreiche Schautafeln dokumentieren wichtige Details der Geschichte und erzählen vom Leben am Hofe sowie von den weiteren Ständen der damaligen Zeit. In dieser Umgebung fällt es leicht, der Fantasie freien Lauf und sich selbst zurückversetzen zu lassen, einzutauchen in ein fast vergessenes Kulturgut: il bagno!

TIPP

Der 1,5 Kilometer lange Walderlebnispfad bietet besonders für Kinder eine Menge zu entdecken!

Eine solche Reise in die Vergangenheit kann leicht hungrig machen, aber auch dafür ist gesorgt: In romantischer Parklandschaft gelegen bietet das Café-Restaurant Bagno gepflegte Gastlichkeit in stilvoller Atmosphäre. Und wer danach noch Reserven hat, dem sei ein Besuch im nahe gelegenen Schloss Steinfurt und in der sich anschließenden Steinfurter Innenstadt angeraten. Denn auch hier gibt es jede Menge zu entdecken!

- Erkundung z.B. ab Schloss Steinfurt, Burgstraße 16, 48565 Steinfurt www.steinfurt-touristik.de
- ÖPNV: Ab Münster Hbf. RB64 bis Steinfurt-Burgsteinfurt. Ab hier ca. 20 Minuten Fußweg

Ein See für alle Fälle

76

Torfmoorsee Hörstel

Glücksorte in der freien Natur offenbaren ihren ganz eigenen Zauber oftmals nur zu einer bestimmten Jahreszeit. Dann zeigen sie sich von ihrer Schokoladenseite und verströmen förmlich Endorphine, die kleinen Glücksbotenstoffe. Anders der Torfmoorsee in Hörstel. Er ist ein Dauer-Endorphin-Produzent. Im Frühling lädt er mit sprießender Vegetation bei Radtouren zu einer Pause an seinen Ufern ein, im Sommer zieht er Sonnenanbeter und Wasserratten an, im Herbst leuchten die Bäume im ihn umgebenden Waldsaum und selbst im Winter bietet er Anlass für einen Spaziergang, sogar bei klirrender Kälte. In ganz kalten Wintern funktioniert er auch als Eislauffläche – die Älteren werden sich noch gut daran erinnern.
Das gesamte Naherholungsgebiet Torfmoorsee ist fast 60 Hektar groß. Der See selbst ist 800 Meter lang, 600 Meter breit und immerhin ganze 20 Meter tief. Entstanden ist er in den 1970er-Jahren, als für die Aufschüttung von Wällen entlang der Autobahn große Mengen Erde benötigt wurden. Man machte die Not zur Tugend und aus dem so entstandenen großen Loch im Boden kurzerhand ein Erholungsgebiet. Schnell folgte der Ausbau einer Badebucht mit Sandstrand, Liegewiese und Wasserspielrinne im Südosten des Sees, die sich im Sommer größter Beliebtheit erfreut. Und auch an die Natur wurde gedacht: In unmittelbarer Nähe zum See entstand ein zwei Hektar großes Feuchtbiotop, das heute einzig und allein der Natur gehört, Menschen haben hier keinen Zutritt. Außerdem entstanden neben einem 2,5 Kilometer langen Rundwanderweg ein Reitweg, ein Waldlehrpfad sowie ein geologischer Lehrpfad mit 23 Gesteinen. Auf eigens angebrachten Informationstafeln erzählen die Metamorphengesteine, Ergussgesteine, Vulkanite und Plutonite ihre Geschichte und Herkunft. Darüber hinaus gibt es einen Waldsportplatz, eine Wetterschutzhütte mit Grillplatz sowie Parkflächen. Also: Schleusen auf für die Endorphine und hin zum Torfmoorsee, dem See für alle Fälle!

- Am Torfmoorsee, 48477 Hörstel
- ÖPNV: Ab Münster Hbf. RB65 bis Rheine. Ab hier RB61, Haltestelle Hörstel. Ab hier ca. 30 Minuten Fußweg

In Europa einzigartig

77 Die Wildpferde im Merfelder Bruch

Ganz langsam lichtet sich der münsterländische Frühnebel, und immer deutlicher zeichnen sich auf den Wiesen im Merfelder Bruch die Konturen der Herde ab, die hier friedlich die vom Morgentau benetzten Gräser genießt. Ein Raunen geht durch die Gruppe derjenigen, die mit Spannung das Schauspiel erwartet haben. Was sich hier vor den Augen der Besucher abspielt, ist einmalig in Europa: Nur noch hier im Münsterland, nahe der Stadt Dülmen, lebt die letzte verbliebene Wildpferdekolonie des Kontinents. Rund 400 Tiere sind hier im rund 3,5 Quadratkilometer großen, eingezäunten Reservat zu Hause. Das Gelände aus Weide, Moor, Heideflächen, Birkengestrüpp sowie Hochwald mit Nadelwäldern und Eichen bietet ihnen abwechslungsreiche Nahrung und ausreichend Schutz. Die Wildpferde leben das ganze Jahr über ohne Zufütterung im Freien. Nur bei strengem Frost und Schnee werden sie mit Heu aus der Wildbahn versorgt. Einmal im Jahr allerdings greift der Mensch in die Herde ein, was absolut unabdingbar ist, um Inzucht und verheerende Rangkämpfe innerhalb der Herde zu verhindern. Beim Dülmener Wildpferdefang, einem öffentlichen Spektakel, das jedes Jahr Tausende Besucher anzieht, werden die einjährigen Hengste der Herde von Fängern mit der Hand eingefangen.
Erstmals urkundlich erwähnt wurden die Wildpferde von Dülmen schon im Jahr 1316. Mit der zunehmenden Besiedlung wurde ihr Lebensraum immer eingeschränkter. Dennoch überlebten die Dülmener Wildpferde. Dies ist das Verdienst der Herzöge von Croy. Sie ließen die Wildpferde einfangen und boten ihnen auf der Wildpferdebahn einen neuen Lebensraum, der bis heute erhalten blieb. Die Wildpferdebahn öffnet interessierten Besuchern in der Zeit von März bis 1. November am Wochenende und an Feiertagen von 10 bis 18 Uhr ihre Tore. Auf einem Rundgang kann die friedlich grasende Herde mit den spielenden Fohlen beobachtet werden. Besuchergruppen können nach Terminvereinbarung die Wildpferde auch montags bis freitags unter sachkundiger Führung beobachten.

- www.wildpferde.de
- ÖPNV: RB45, Haltestelle Maria Veen. Ab hier ca. drei Kilometer Fußweg

Münsters gute Stube

78

Prinzipalmarkt Münster

Nirgendwo sonst im Münsterland verbinden sich Altes und Neues, Tradition und Moderne, Ruhe und Lebendigkeit zu einer so eindrucksvollen Symbiose wie auf dem Prinzipalmarkt in Münster. Der Platz mit den charakteristischen Giebelhäusern und Bogengängen ist das traditionsreiche wirtschaftliche und politische Zentrum Münsters. Hier befindet sich das historische Rathaus mit seinem Friedenssaal, und hier haben auch zahlreiche exklusive Geschäfte und Gastronomiebetriebe ihren Sitz. Die Giebelfassade verströmt das Flair einer im Mittelalter aufstrebenden Hansestadt, von alten Kaufmannsfamilien und Gilden – und doch sind die Gebäude, die sich hier so eindrucksvoll um den Betrachter gruppieren, noch gar nicht so alt. Denn im Zweiten Weltkrieg wurden die Häuser auf dem Prinzipalmarkt weitgehend zerstört und erst im darauf folgenden Jahrzehnt wieder neu errichtet. Dabei orientierte man sich aber sowohl an den alten Parzellen als auch an den traditionell verwendeten Baustoffen. So prägt denn auch der münsterlandtypische Baumberger Sandstein das Gesamtbild.

TIPP

Der Friedenssaal im Rathaus kann besichtigt werden.

All das in sich aufzunehmen, braucht etwas Zeit. Daher empfiehlt es sich, sich einen Platz in den Cafés vor Ort zu suchen und das Marktensemble auf sich wirken zu lassen. Langweilig wird es dabei ohnehin nicht, denn das geschäftige Treiben auf dem Prinzipalmarkt ist immens: Gut 6000 Passanten queren an einem durchschnittlichen Samstag pro Stunde den Platz! Wie vielen von ihnen wohl bewusst ist, dass sie dabei an einem historisch bedeutsamen Ort vorbeigehen? Denn hier im Stil der Gotik erbauten Rathaus wurde im Jahr 1648 einer der Verträge zum Westfälischen Frieden unterschrieben und damit der Dreißigjährige Krieg beendet.

Dass sich der Prinzipalmarkt auch weit über Münsters Grenzen hinaus großer Beliebtheit erfreut, zeigte 2006 die ZDF-Sendung „Unsere Besten – Die Lieblingsorte der Deutschen“ – hier erreichte er den respektablen vierten Platz. Vollkommen zu Recht also nennen die Münsteraner den Prinzipalmarkt ihre „gute Stube“.

- www.prinzipalmarkt.de
- ÖPNV: Ab Münster Hbf. StadtBus 1, Haltestelle Prinzipalmarkt

Duftendes Blütenparadies

79 Rosengarten Seppenrade

Blumen sind das Lächeln der Erde, heißt es. Wenn dem so ist, dann ist das Dörfchen Seppenrade wahrlich das Land des Lächelns. Denn hier befindet sich mit dem Rosengarten Seppenrade das wohl prächtigste Beispiel für münsterländische Gartenkunst. In ehrenamtlicher Pflege betreibt die Dorfgemeinschaft hier einen Lebensraum für nicht weniger als 600 Rosensorten und über 24.000 Rosenpflanzen. Bereits im Frühjahr ziehen die ersten Frühblüher – darunter auch prächtige Magnolien – die Besucher in die ganzjährig geöffnete Anlage im Lüdinghausener Ortsteil Seppenrade. Hochsaison ist allerdings von Juni bis Ende August, wenn „Schneewittchen", „Lovely Fairy" und über 600 weitere Sorten den zwei Hektar großen Park in ein einziges Blütenmeer verwandeln. Dann gehen dem Besucher die Augen über und das Herz auf, wenn Abertausende Blüten um die Gunst der Blumenliebhaber buhlen und gleichzeitig der betörende Duft Hunderter Rosenarten die Nase umschmeichelt. Bei einem Rundgang durch die Anlage erschließt sich einem die Vielfalt der Rosenwelt: Von Bodendeckerrosen über die klassischen Beetrosen, die Strauch- und Kletterrosen bis zu den „Englischen Rosen" mit ihren besonders großen Blüten sind im Rosengarten alle vertreten. Damit auch wirklich jede in Augenschein genommen werden kann und dem Besucher nichts entgehen muss, durchzieht ein Wegenetz von fast drei Kilometern die parkähnliche Anlage. Entlang der Wege stehen auch zahlreiche Sitzgelegenheiten, um kurz innezuhalten und das Rosenparadies auf sich wirken zu lassen. Öffentliche Sanitäranlagen stehen den Besuchern des Gartens im Heimathaus inmitten des Gartens übrigens ebenfalls zur Verfügung. Mittlerweile hegen und pflegen über 100 ehrenamtliche Rosenfrauen und -männer als Paten hingebungsvoll die unzähligen Beete und haben hier ein Paradies für Blumenfreunde geschaffen, das nicht nur im Münsterland seinesgleichen sucht. Alljährlich am dritten Augustwochenende lädt der Heimatverein außerdem zum großen Rosenfest mit Musik und Tanz ein.

- Rosengarten Seppenrade, Am Rosengarten 6, 59348 Lüdinghausen-Seppenrade www.seppenrade.de/rosengarten
- ÖPNV: Ab Lüdinghausen Bhf. SchnellBus S91, Haltestelle Rosengarten

Urlaubsfeeling pur

80

Aasee Ibbenbüren

Wenn die ersten Blumen noch etwas zaghaft ihre Blüten der Sonne entgegenrecken, die Tage langsam länger werden, dann erwacht der rund 15 Hektar große Aasee in Ibbenbüren erst richtig zum Leben. Natürlich ist er auch in den dunkleren Monaten ein schönes Ausflugsziel und mit dem drei Kilometer langen Weg einmal rund um den See ein perfekter Ort für einen Spaziergang, aber erst in den wärmeren Monaten entfaltet er seine ganze Pracht und bietet Freizeitmöglichkeiten in Hülle und Fülle. Dann stehen hier Tretboote zum Verleih, erfreut sich die Skaterbahn größter Beliebtheit, ist der Dirtpark für Mountainbiker belebt ebenso wie die beiden Spielplätze oder das Café Ventana mit seiner großen Außenterrasse direkt am See. Doch der größte Clou des Aasees, der mit seinen Ausläufern fast bis an den Kern der Ibbenbürener Innenstadt heranreicht, ist unbestritten seit vielen Jahren der Beach Club auf der Südhälfte des Sees. Er verströmt in den Sommermonaten mediterranes Flair, ja fast Inselfeeling. Norderneyfans würden ihn wahrscheinlich die Milchbar des Münsterlandes nennen. Denn hier bilden 200 Tonnen künstlich aufgeschütteter feinster Quarzsand eine 1000 Quadratmeter große Strandfläche, flankiert von einem Wasserspielplatz, verschiedenen Strandbars und einer Boulearena. Chillige, unaufdringliche Loungemusik erfüllt die Luft über den kostenlosen Strandliegen und sorgt dafür, dass es sich bei einem kalten Getränk mit Blick auf den lang gezogenen Aasee ganz trefflich relaxen lässt. Urlaubsfeeling pur! Da lässt es sich sogar gut verschmerzen, dass der Aasee leider nicht als Badesee genutzt werden darf. Vom Bootssteg aus die Füße ins Wasser baumeln zu lassen, ist freilich trotzdem erlaubt. Bei schönem Wetter öffnet der Beach Club am Aasee täglich ab 14 Uhr und an den Wochenenden und feiertags sogar schon ab 11 Uhr. Beachpartys mit renommierten DJs und regelmäßige abendliche Livemusik runden das kleine Urlaubsglück am Aasee ab.

TIPP

Sonnencreme einpacken, am „Beach" vergisst man die Zeit.

● ibbgoesbeach, An der Umfluth 84, 49479 Ibbenbüren www.ibbgoesbeach.de

● ÖPNV: Ab Ibbenbüren Bhf. Bus 234, Haltestelle Aaseebad

Bootshaus

Bibliografische Informationen der Deutschen Nationalbibliothek
Die Deutsche Nationalbibliothek verzeichnet diese Publikation in der Deutschen Nationalbibliografie; detaillierte bibliografische Daten sind im Internet über http://dnb.d-nb.de abrufbar.

6. Auflage 2022
Konzeption/Satz: Droste Verlag, Düsseldorf
Einbandgestaltung und Illustrationen: Britta Rungwerth, Düsseldorf unter Verwendung von Bildern von © Fotolia.com: jd - photodesign.de; © iStock: Plociennik Robert
Fotos: Ingmar Bojes, außer:
S. 9: Kreislehrgarten Steinfurt; S. 19: Heribert Schwarthoff; S. 21: © Zeichnungen von Nicole Schuck, Foto: LWL Hanna Neander; S. 43: GOP Münster; S. 47: Allwetterzoo Münster; S. 49: Pott´s Brauerei GmbH; S. 55: Gemeinde Reken; S. 61: Kreis Warendorf; S. 65: Kai Pohlkamp; S. 75: Niko Hakmann; S. 79: Brauhaus Stephanus; S. 81: Freizeitpark Sommerrodelbahn; S. 87: Gabi Wild; S. 89: Oblonczyk, LWL; S. 91: Harald Humberg; S. 97: Turmhaus Südlohn; S. 99: Stadt Oelde, S. 105: Freilichtspiele Tecklenburg e.V.; S. 109: Dirk Egelkamp; S. 129: Münster/Angelika Klauser; S. 131: Gemeinde Lienen/Ute Peters; S. 137: Andreas Lechtape; S.143: Saunapark Epe; S. 145: Hotel SportSchloss Velen; S. 157: Heribert Schwarthoff; S. 161: Thomas Wedler

FSC www.fsc.org
MIX
Papier aus verantwortungsvollen Quellen
FSC® C011279

Druck und Bindung: LUC GmbH, Greven
ISBN 978-3-7700-2064-5

www.droste-verlag.de